I0430685

HOW TO PLAY

Sudoku is a number puzzle game that requires players to fill a 9x9 grid with digits so that each column, each row, and each of the nine 3x3 subgrids contain all of the digits from 1 to 9.

1. Familiarize yourself with the game board, which consists of a 9x9 grid divided into 9 smaller 3x3 grids.
2. Fill in the grid with digits from 1 to 9.
3. Each row, each column, and each of the nine 3x3 subgrids must contain all of the digits from 1 to 9.
4. No digit can be repeated in any row, column, or subgrid.
5. Some digits are already given to help you get started. Use these as clues to solve the puzzle.
6. Start filling in the grid with the given digits and work your way through the puzzle using logic and deduction.
7. If you get stuck, try looking for digits that can only go in one specific square and fill them in.
8. Keep working until you have filled in all of the squares with the correct digits.
9. Congratulations, you have completed the Sudoku puzzle!

Note: There is only one correct solution to each Sudoku puzzle. Good luck!

SUDOKU

	2			3		5	4	
					8			
9	4		6	2	7	1		
4		2	7					
	8			5			6	
					6	2		1
		1	3	9	2		8	5
			8					
	3	8		7			9	

7	8					4	5	9
		5				6		7
			6			8		3
9					5			
		2	7	9	6	1		
			1					4
4		9			2			
5		8				9		
2	3	7					8	1

6		1	8	7				
	3			9				
2			4				1	5
		2			8	4		
	8		3		7		2	
		7	9			1		
5	1				4			7
				5			4	
				8	3	2		6

		1	5			4	6	8
				8	3			
	2		7	4			3	
5							1	4
			9		4			
1	4							9
	9			7	6		2	
			3	5				
7	3	2			8	5		

ISBN-13: 9798376405758
ISBN-10: 1477123456

Cover design by: Art Painter
Library of Congress Control Number: 2018675309
Printed in the United States of America

SUDOKU

Stefan Becker

SUDOKU

5	9		4			8	1	
3								5
		6	5	9		7		
	1		6	2				
	2						7	
				7	4		5	
		9		5	6	4		
4								2
	5	2			8		9	3

			9			1	2	8
	9				4			
		3		1	6	4		
	5	8			1	6	7	
	3	7	4			5	1	
		2	6	9		3		
			1				8	
5	1	9			3			

	1		2				9	
		8	7					
3	9				8			
9		1		2			6	7
		7	1	9	6	3		
2	8			4		1		9
			9				7	1
					1	2		
	5				2		8	

			5	3			8	
		2	6					5
8				4	1	7		6
2					7	3		8
7		5	2					4
5		9	3	2				1
3					4	6		
	4			1	5			

SUDOKU

2			3		4			
3	8		5					1
9				2				
8		4	1				9	5
		9				1		
5	7				3	4		8
				3				7
1					2		3	4
			4		8			9

	4				5			7
6	7		3			9		
		9	2				3	
				6		2	7	9
		2		3		5		
4	6	5		9				
	2				7	8		
		4			3		2	5
5			8				6	

				2		6		
2			8		1	9		
3		7	9	5				1
			1		4			
	1		3		8		9	
			5		2			
8				1	5	4		7
		3	6		9			5
		2		3				

	3	1		4				
			1			4		
2	6			3	8		1	
	4							2
3	1	5				6	9	8
8							4	
	7		4	5			2	9
		8			7			
				8		3	6	

SUDOKU

	2	4			5	9	3	
			4		2		7	
				8		2		
	8			5		6		7
	7			6			8	
4		9		2			5	
		3		1				
	4		5		8			
	9	6	7			8	1	

5	8	7						
					8		3	6
				7	4	5	2	
				9		3		2
2		6				9		5
1		3		8				
	4	1	8	6				
9	2		5					
						8	4	1

	4	8			1	2		
			9				6	
9		2				1		
		5	8		6		3	
2		7				8		6
	8		7		4	5		
		6				3		2
	7				3			
		1	5			4	7	

6				8	1	4	3	
	5		2					6
4		2						
9		8		5	4			
	2			1			4	
			9	2		7		5
						6		9
7					2		1	
	9	1	4	6				8

SUDOKU

9					3			
	3		7	5	8			
7		8					5	
	2	5		7				
3	9	7				8	1	2
				2		3	7	
	8					4		6
			6	8	5		9	
			1					8

			3			2	5	9
2	5		4					1
		9	7				6	
1			8					5
			6	4	7			
6					1			7
	9				4	1		
5					2		8	4
8	4	2			3			

9		6			2		4	
	7	2			8			6
4				3		2		8
	9				4		2	
				6				
	1		9				3	
7		9		4				2
8			3			7	1	
	6		2			3		5

9			3			8		5
4				8		6	3	
5							2	
	9					4	6	
3			4		6			8
	4	8					5	
	2							6
	3	6		9				1
1		9			8			4

SUDOKU

9					3			
	3		7	5	8			
7		8					5	
	2	5		7				
3	9	7				8	1	2
				2		3	7	
	8					4		6
			6	8	5		9	
			1					8

			3			2	5	9
2	5		4					1
		9	7				6	
1			8					5
			6	4	7			
6					1			7
	9				4	1		
5					2		8	4
8	4	2			3			

9		6			2		4	
	7	2			8			6
4				3		2		8
	9				4		2	
				6				
	1		9				3	
7		9		4				2
8			3			7	1	
	6		2			3		5

9			3			8		5
4				8		6	3	
5							2	
	9					4	6	
3			4		6			8
	4	8					5	
	2							6
	3	6		9				1
1		9			8			4

SUDOKU

4		1					5	
	5		8					
9	6			4		3		
	3		6	2		9		7
		4				5		
6		7		9	5		4	
		3		7			1	6
					3		9	
	4					7		5

		9			3	2		1
			1			6	7	
1				4				3
			4		7		5	9
9				3				7
7	5		9		8			
2				7				5
	4	1			5			
5		7	6			1		

			7				2	4
	8	9		1	6		7	
		7		3		6		9
	6				8	4		
				4				
		2	6				5	
2		4		6		1		
	9		3	8		2	4	
8	3				1			

	5	9	4		6	2		
6			7			9		
			2		5			6
	1						3	4
2								8
4	3						2	
7			9		3			
		4			7			9
		6	5		4	7	8	

SUDOKU

1	7		8	6				
			1		5			
9	8	6						4
					6	9	2	1
			9		8			
5	6	9	2					
7						2	5	3
			5		2			
				3	9		7	8

5	2			7	1		6	
		9		4				
4			6					
				8	7	4	5	
7			9		6			2
	9	5	2	3				
					3			1
				1		6		
	3		8	6			7	5

				3			2	
	9	7	6		5		1	4
2		8			1	6		
	6				9			2
				1				
9			5				4	
		6	1			4		5
1	8		2		3	7	9	
	3			6				

		8		1	9		2	
	2				7			1
4			5			7		
		3		5		6		
	8		2		3		7	
		4		8		2		
		6			5			7
5			1				9	
	1		6	9		3		

SUDOKU

	7					3		
3		1		9				2
	8				2			
		5		2	7		1	
	6	3	4		1	9	7	
	1		8	6		5		
			1				9	
6				8		2		1
		4					3	

5			9					
8	6		1			5		2
2		4			6			3
			8	1				
		8	3		7	9		
				6	9			
9			7			2		4
7		3			4		1	6
					8			9

7								
		3	5			2		1
	9			3	8		5	7
2						3	7	
	6		4		3		9	
	5	8						4
9	2		3	8			1	
8		4			5	7		
								2

			9					7
				5			9	
1				8	2	5		
8	4	9	1		7			
		5	2		4	8		
			8		5	4	7	1
		3	5	7				4
	8			4				
6					8			

SUDOKU

2	6	8						
9					6	3		7
		3		2	1			
3			6	1				
		7	9		2	1		
				7	4			9
			2	9		4		
4		6	1					2
						7	1	8

	1	7		5				
4		5						1
		3	9		7			8
			5			6		
9	7		1		2		3	5
		6			3			
3			8		5	2		
2						5		6
				9		1	4	

	5		1	8	4	6		
8				6		4	2	1
	6							9
4		9						
	2			9			1	
						9		8
5							8	
3	4	1		7				2
		6	5	3	9		7	

		1						4
		9	7		8			
	2	5		1				8
8		4			6	3		7
1								5
5		3	8			6		9
4				6		5	9	
			5		3	4		
2						7		

SUDOKU

2	6	8						
9					6	3		7
		3		2	1			
3			6	1				
		7	9		2	1		
				7	4			9
			2	9		4		
4		6	1					2
						7	1	8

	1	7		5				
4		5						1
		3	9		7			8
			5			6		
9	7		1		2		3	5
		6			3			
3			8		5	2		
2						5		6
				9		1	4	

	5		1	8	4	6		
8				6		4	2	1
	6							9
4		9						
	2			9			1	
						9		8
5							8	
3	4	1		7				2
		6	5	3	9		7	

		1						4
		9	7		8			
	2	5		1				8
8		4			6	3		7
1								5
5		3	8			6		9
4				6		5	9	
			5		3	4		
2						7		

SUDOKU

7	5	1	3					
8				9			7	
			4		8	6		5
3		9						8
		6				9		
5						1		4
9		2	7		6			
	8			4				6
					1	4	2	7

	4							3
		3	2				9	
				8	7			6
	3	2	6			5		1
	6	1				2	8	
8		5			1	3	6	
1			8	4				
	8				9	1		
9							5	

	1		3		6			
		9		7		4		
2			1		9			7
3			5	9				
		5	8	2	3	6		
				1	7			3
9			4		8			5
		4		6		7		
			7		2		4	

		9				1		6
4				1		7		5
	5		7					
	8			4		6	1	
	7		8		1		3	
	1	4		9			5	
					3		6	
1		8		5				9
5		6				4		

SUDOKU

6	5				1		7	
3		9						
2				5	4		9	
			2	6		4		
	2		1		7		8	
		7		8	3			
	3		6	1				5
						8		9
	8		3				6	2

								1
	9	3	6			7		
	5			1		3		6
		9	3	8				7
	4	6				9	5	
7				6	5	2		
9		8		3			4	
		7			8	1	6	
2								

		3	4		2			
			1	9				
				8		5	7	2
6			9				2	5
9		5				7		3
8	2				4			9
1	7	4		2				
				6	1			
			7		5	1		

6		1				2		
3	4		7			1		
7		5			4			
	9	4						7
	6		3		9		4	
5						6	1	
			2			5		1
		7			3		6	2
		6				7		3

SUDOKU

6	5				1		7	
3		9						
2				5	4		9	
			2	6		4		
	2		1		7		8	
		7		8	3			
	3		6	1				5
						8		9
	8		3				6	2

								1
	9	3	6			7		
	5			1		3		6
		9	3	8				7
	4	6				9	5	
7				6	5	2		
9		8		3			4	
		7			8	1	6	
2								

		3	4		2			
			1	9				
				8		5	7	2
6			9				2	5
9		5				7		3
8	2				4			9
1	7	4		2				
				6	1			
			7		5	1		

6		1				2		
3	4		7			1		
7		5			4			
	9	4						7
	6		3		9		4	
5						6	1	
			2			5		1
		7			3		6	2
		6				7		3

SUDOKU

2		1	6					
					9		6	
			8	5	1		2	
				7	5	6		3
	6	8				4	5	
3		4	2	8				
	1		5	6	4			
	9		7					
					8	5		7

7		4				2	6	1
3					9			
		6		2				
	8			4	5		2	6
	3						4	
4	2		6	7			3	
				9		4		
			8					2
2	6	9				8		5

	3	1	4			9		
		2		8		1	4	
9		7	1					
						5	7	
	1		2		8		9	
	9	5						
					7	2		1
	7	9		1		4		
		4			2	7	5	

			5	3	8		6	
				7				
	6	3		2			4	5
	3	7						8
6		1		5		4		3
8						2	1	
2	8			9		5	3	
				8				
	9		4	1	5			

SUDOKU

		1	5				2	
5	3		6				8	9
7							1	
2	5			7		6		
			9		6			
		8		5			9	2
	1							4
4	9				1		3	5
	2				9	8		

2	1	4			8			
3				1				
5		7	4		9			
		1				6	5	7
		3		5		4		
8	5	6				2		
			7		1	5		8
				8				2
			3			7	1	9

SUDIOKU

	4	2		1			5	
8			6		5		2	
9	6			2		8		
						4		
	9		5	7	1		6	
		7						
		4		5			9	2
	5		9		2			7
	3			4		1	8	

		2			9	3	4	
		3		2		5		
9	4		1	3				2
						1		
5			7	4	3			9
		7						
2				7	4		1	8
		4		8		7		
	8	1	2			6		

9	6	8		1			3	
					8	1		
		7			4			8
		3		4			8	5
		6				2		
8	5			2		4		
3			1			8		
		5	4					
	2			3		5	1	9

		1	2				8	
2				7	9	6	1	
4	5	9						2
				1	7			
			8		6			
			5	4				
6						4	9	7
	7	2	1	9				8
	4				5	1		

SUDOKU

		5	6				3	4
			8		3			7
	3	4					1	9
4							5	
		6	1		2	7		
	2							3
1	5					4	7	
7			2		4			
9	4				1	3		

	8							
	3	9	1		4	2		8
6					9		1	
2			4		8			
		6	9		7	1		
			5		2			9
	7		8					2
1		8	6		3	9	4	
							3	

			6	1		4		2
3		4	8				9	
				9	3	8		
	2					3	5	
			2		6			
	8	6					7	
		9	5	2				
	3				9	5		1
6		5		3	4			

	9	5				3		
		6	5		2		7	
	4				7	1		
6					1			5
		1	3		6	2		
2			9					1
		3	2				8	
	2		4		8	9		
		9				4	6	

SUDOKU

	1	6			2		4	5
	8				4	6		
				8				9
7				4		9	5	
	3			6			8	
	2	4		7				3
2				3				
		7	4				1	
8	9		5			7	2	

	2	5		9	7			
8						4		
	7	6	3				5	
6	5	7	9				8	
	4				2	7	6	9
	6				8	3	7	
		8						6
			4	1		8	9	

1	8	4		9	7		6	
	7			1		9	2	
			6				7	
7								6
		3				1		
2								5
	2				3			
	5	8		2			1	
	9		4	5		7	3	2

	8				3		1	
			6	4				2
6		1				3		7
9		8			4	1		
1								8
		6	5			4		9
8		9				2		5
4				6	2			
	1		4				3	

SUDOKU

9	4		3					
3	7			6	2			
2			5					
4	9	6				3		
1	5			4			8	2
		2				4	5	6
					6			3
			9	2			4	5
					3		2	9

7				4				
6			5		9	2	4	
			1			6	5	7
		9		5		3		
			4		3			
		8		9		1		
9	2	6			7			
	3	4	2		5			9
				6				2

			8	2			9	
				6		3		
5				3	4	8	6	
	9					7	1	6
	6						8	
8	5	7					2	
	1	6	2	8				5
		8		4				
	2			9	7			

			1				4	
		7			6			1
1				8		3	6	9
		9	6			8	7	4
4	3	8			9	1		
2	1	4		5				7
8			9			4		
	7				4			

SUDOKU

1	5		4					
9						3		2
	3	4		9		1		
	4	5		2	1			
			9	5	7			
			6	4		5	7	
		8		6		2	3	
3		7						5
					4		6	8

				2		9		4
	7	6				1		
1			6				3	7
	5	2	9					1
	4						9	
8					6	2	7	
5	6				3			9
		7				5	2	
2		3		1				

				1	2	7	4	
	6			5				3
		9	3				2	
	5			4		8	3	
			5		7			
	1	7		2			9	
	7				1	2		
9				3			5	
	8	4	2	9				

	4							
9		1				7	2	3
		7		1	6		4	
	3			8	7	2		1
				9				
2		8	3	5			6	
	1		9	7		8		
7	9	4				6		5
							9	

SUDOKU

9			7	5			2	
			8			6		4
		5						
			6		7	3		8
	2	3	5		9	7	6	
8		6	4		1			
						8		
1		9			8			
	4			6	3			2

9							6	
		6	2	9				4
3	7		1	4				
			7			8		
6		5	4		3	9		2
		7			5			
				8	2		5	1
8				3	1	4		
	5							6

		4				3		
	8				2			9
7	2		9	5			6	
		8	7	9				
2			4		6			3
				3	1	9		
	3			6	9		1	8
1			8				3	
		6				2		

	6		3		5	9		
	1	9				4		
3	7			9	1			
		3	5			2		
1								4
		2			3	1		
			7	6			8	2
		6				5	7	
		7	2		8		4	

SUDIOKU

6	2		7				3	9
		9		3		1		5
	3		8		9			
2								
9			4		8			6
								1
			1		3		5	
7		8		2		6		
5	1				7		9	4

		4					8	
5			3					2
3	6	8		1	2			
4	1			7				
	8		2	5	1		6	
				4			3	7
			4	6		9	1	3
6					9			8
	4					2		

			3			7		
	7	6		1	5			4
		3	7			5		
8	5			2				
	6		8		3		7	
				9			5	8
		5			1	3		
4			5	8		6	2	
		9			4			

	1					7		9
3		7						
	6		3				8	
5		2	4		6			8
4		1		7		9		5
8			5		9	4		3
	4				5		1	
						2		4
6		5					9	

SUDOKU

	4	1						3
	6		3		7			5
5				9		1		
9				8	2		1	
	7						6	
	1		6	4				2
		2		3				7
1			5		4		3	
4						2	8	

		1						
5	3		6				8	
7			3	9			1	6
2					8	6	4	
		3		2		7		
	7	8	4					2
8	1			3	5			4
	9				1		3	5
						8		

						7		
	8	5	4	7	3	2		
2					6		9	3
	5				7	8		
			9		8			
		8	1				6	
1	4		2					8
		6	7	3	4	9	5	
		9						

				4	8	6		1
	2	5				8	4	
		4			1			7
3			2					8
	5						7	
2					3			6
8			3			1		
	4	7				3	8	
9		1	4	8				

SUDIOKU

		2						7
3			2		8		6	
6	8				5	4	3	
	6							4
8			5	2	6			1
7							9	
	2	6	3				4	9
	3		9		1			8
4						7		

		4	8		1	7		
3		1						6
	8		3		4	1		
		7			6	2		
1								5
		2	5			4		
		8	6		2		1	
7						5		9
		5	9		7	6		

		8			5			4
1		3		2			9	
6		2	9	4				
2	3		5					
		4		3		9		
					4		5	3
				7	8	3		9
	9			5		6		8
3			1			4		

	4		2			3		
	9	3	4					
2			1				4	5
					5	6		2
		2	8		1	4		
8		5	6					
6	2				3			4
					8	2	7	
		1			2		3	

SUDOKU

	9				3			
		4	8		2	7		
7	2			4			6	
2				5	8	3		
	8						7	
		1	9	3				6
	6			8			3	7
		7	3		5	4		
			7				1	

3	1		7		2	8		
	8					6		1
4		5				2		
		8			3		5	
			2		5			
	2		9			1		
		1				5		6
6		7					1	
		3	5		6		2	4

				1				
	1		7		8	2		
8			6				5	4
7		4	5		1			
	2	6		7		4	9	
			9		6	5		7
3	6				7			9
		8	1		4		3	
				8				

	6			9	3			
4				8			3	9
9			4					
	8	5	1					6
	2	4				3	7	
6					8	5	4	
					9			7
7	1			5				2
			7	2			9	

SUDIOKU

	9				6	8		
		4		5	3			
	3	6			9			
	2			8	7		9	3
	4						1	
7	8		1	9			5	
			4			9	7	
			3	7		1		
		8	9				2	

				4	6			
8	4	9	1	5				
		6	8				7	9
9		8						
	2		3		4		5	
						8		3
2	9				8	6		
				9	2	1	3	7
			4	6				

	3		7		1		9	
9				2				1
						4		
			4			1	7	5
1		7	2		5	8		9
4	8	5			9			
		9						
6				5				7
	2		9		4		3	

7				6				
	3	8			5		2	
		5		3		6		
9			5		6		8	
3			9		4			7
	7		3		2			1
		4		5		3		
	5		8			4	9	
				4				2

SUDOKU

3	9		7					1
		6		4				
2			3		8			
6				1	4		7	
	7	4				3	2	
	2		9	7				6
			4		2			8
				5		2		
4					9		6	3

				5			6	
	5	2	8					
7		3				5	8	9
			3			9		5
5			1	7	4			6
6		4			2			
4	8	6				1		2
					9	8	3	
	1			2				

1	2					3	7	
5		4			7	6		
					5			1
	4		9			1	3	6
				6				
6	5	1			3		9	
7			4					
		5	3			2		8
	8	3					1	4

1				2			5	
	7		9			1		4
	6	5						
2		1	6		8			5
			5		3			
3			1		2	8		6
						4	8	
7		8			6		2	
	2			8				3

SUDIOKU

5					7		1	9
8		9	3		5		4	
2						5		
					9	3		
	9		1	2	4		7	
		1	8					
		7						2
	8		7		6	4		5
6	4		5					8

			9					
				3		6		
6	7	2	5					1
5	2	1	7					
3	9		2		4		1	7
					9	5	2	3
9					1	4	5	8
		3		7				
					6			

SUDOKU

				8	7	1	3	6
	3		2		5			
	6		9					5
	7						5	8
		8		5		7		
5	9						6	
3					4		8	
			5		6		7	
7	4	5	8	3				

7			5					2
	5		3	4			8	
	1			7		3	9	
		2				5	7	
6								1
	7	5				9		
	6	8		2			3	
	3			6	5		1	
9					8			6

8				1		7		
9		6	5				1	
2	1		9					
6	4						3	2
		9				6		
5	3						7	8
					3		6	1
	2				9	8		7
		7		2				5

4		9	7					
3	2		1				7	4
		8	2			5		
			4		7	3		
	1						6	
		3	9		8			
		6			1	9		
8	4				5		2	6
					4	1		8

SUDOKU

	5	4			8			
3	6		7	2				
8				9		5		6
6		3						
5	2						6	9
						3		4
9		7		5				3
				8	3		9	5
			9			1	2	

	6	8	9					
	1	5			8			
7	2				5			6
				2		5	3	
2			5		1			4
	5	9		3				
6			1				7	5
			2			8	4	
					7	6	1	

3					1	8	7	
				2		5	3	
				9	7		2	6
	7				6		5	
8								3
	9		4				6	
5	8		9	4				
	3	1		7				
	4	6	1					5

					7	3		9
6				2	8			
			5			2		
		6	3		2	7	1	
3		1				9		8
	8	5	1		9	6		
		3			6			
			9	3				7
4		7	2					

SUDOKU

					1		3	
2		7	3					
	3		5		9			
	9	8		6		4	1	5
7								2
5	1	2		8		7	6	
			4		8		2	
					5	9		8
	5		6					

	2		3			1		6
	4							2
7			4		2			3
		2	9	3				
	1	6		8		2	3	
				1	7	9		
1			8		3			5
2							1	
6		5			9		8	

4								
	5	1		6			9	
9			3	1	4			5
		7	1	9			3	
	4			8			7	
	8			7	3	5		
6			8	3	5			9
	2			4		6	5	
								3

1		4						
3	5			4		1		
		7		1	8			2
	6				3	4	2	1
				6				
2	7	3	1				5	
8			6	7		2		
		1		2			7	6
						5		3

SUDOKU

					1		3	
2		7	3					
	3		5		9			
	9	8		6		4	1	5
7								2
5	1	2		8		7	6	
			4		8		2	
					5	9		8
	5		6					

	2		3			1		6
	4							2
7			4		2			3
		2	9	3				
	1	6		8		2	3	
				1	7	9		
1			8		3			5
2							1	
6		5			9		8	

4								
	5	1		6			9	
9			3	1	4			5
		7	1	9			3	
	4			8			7	
	8			7	3	5		
6			8	3	5			9
	2			4		6	5	
								3

1		4						
3	5			4		1		
		7		1	8			2
	6				3	4	2	1
				6				
2	7	3	1				5	
8			6	7		2		
		1		2			7	6
						5		3

SUDOKU

			4			6	2	9
			6	8	3	7		
					9		3	
7		5			2		4	
		2		1		9		
	9		5			8		2
	4		2					
		1	9	4	6			
3	6	8			5			

9		6		3				1
5			1		9		7	
							9	6
2					6	4		9
		3		1		2		
4		8	9					5
3	4							
	2		7		1			3
1				8		9		2

7						4	2	9
				4	1	7		
		5	6					
1	8		9		6			
9	5			1			3	6
			8		5		4	1
					3	1		
		1	7	6				
5	3	2						7

	2			3	5	9		
	3				6			8
		5					3	
	6			8	9			3
		1	7		3	2		
4			1	6			9	
	7					3		
1			3				2	
		8	5	2			1	

SUDOKU

	4			5		1		
	3					8	6	
2	7		1			9		
					8		7	9
		7	4		1	6		
6	2		9					
		4			7		9	6
	9	5					3	
		2		4			5	

3			9			5		1
		7		1			8	
	9				8		7	
6		5	7	4				
9								4
				3	6	8		5
	7		3				1	
	2			7		9		
8		3			4			7

3	5			1				
	6	9			4			
7					6		8	
9	8			3				1
		4	8	6	9	2		
6				7			4	9
	3		5					8
			6			3	1	
				4			6	2

9		1		7	2	5		
8	2							
			6		1		3	
			7			3		
6	7	3				9	8	2
		9			8			
	9		1		4			
							2	1
		5	3	8		7		9

SUDOKU

	3				1	8		9
		5						
6		4	7		3			
	8	3	6				9	
4	2						3	5
	7				4	2	1	
			3		5	1		2
						4		
2		7	1				8	

			5				1	
		5		4	1	8		3
1		2				9	5	
8					3			
	1	9		8		3	6	
			9					8
	7	8				5		9
9		1	3	7		6		
	4				9			

				6		8	3	2
			2			9		4
	9				4		6	
	3	2			8		5	
	5			4			9	
	6		3			1	2	
	8		5				4	
5		7			6			
6	4	3		2				

		6			7		5	
	1	5						7
3			5		9	8		
7							1	6
		1	3		6	2		
8	6							5
		3	8		1			9
1						4	8	
	5		9			6		

SUDIOKU

	3				1	8		9
		5						
6		4	7		3			
	8	3	6				9	
4	2						3	5
	7				4	2	1	
			3		5	1		2
						4		
2		7	1				8	

			5				1	
		5		4	1	8		3
1		2				9	5	
8					3			
	1	9		8		3	6	
			9					8
	7	8				5		9
9		1	3	7		6		
	4				9			

				6		8	3	2
			2			9		4
	9				4		6	
	3	2			8		5	
	5			4			9	
	6		3			1	2	
	8		5				4	
5		7			6			
6	4	3		2				

		6			7		5	
	1	5						7
3			5		9	8		
7							1	6
		1	3		6	2		
8	6							5
		3	8		1			9
1						4	8	
	5		9			6		

SUDOKU

		4			3			1
				2				9
	8	3		9	4		2	
1							7	
9		8	2	4	7	6		5
	4							8
	7		9	6		5	3	
3				5				
8			7			9		

				2		7		5
		8	3		9			
	6	9			7		1	
		5	6			1	7	
	3						8	
	1	4			3	5		
	9		7			8	2	
			9		8	6		
5		1		6				

	7	3			2	4		
	2				6			
	5		4	3				6
				4	5	2	9	
4								5
	9	1	6	2				
2				8	4		3	
			2				7	
		9	7			6	8	

						9		2
			7	2	5			
8		2	1					6
	4		8		9	2	5	
	2						6	
	9	8	5		2		1	
9					1	6		3
			4	8	3			
4		5						

SUDIOKU

6	4						9	
				2	1		4	
		3	7	9		2	6	
	8	4			2			
9								3
			1			6	2	
	6	9		4	3	5		
	3		9	7				
	5						3	2

	2					8		5
			2	3			1	
	7	6			1	3	2	
		4	7					
	1	7		2		6	4	
					4	1		
	3	2	6			4	8	
	4			7	8			
5		1					9	

	8			4	7			
			1			6	8	4
4					3	2		5
9			3	2		8		
		4		9	6			7
5		3	4					2
7	6	2			1			
			5	7			9	

					7			
2		9	6	1				3
7							5	6
5		8		2			1	
	1	7				5	2	
	3			7		9		8
8	7							2
3				4	9	6		1
			1					

SUDOKU

6	2							
8	1				7	3		
				8		7		6
		2		5	3	6		9
			2		4			
4		6	7	9		2		
9		4		1				
		8	4				9	2
							7	5

2		8	3	4			1	
5					2		6	
	7	4	6					5
					7		9	8
7	9		4					
4					9	3	8	
	2		1					9
	3			5	8	6		1

		1		4	3	9	6	
9							5	2
	4		5				1	
		8		9		2		
5								6
		4		7		5		
	2				1		3	
4	8							5
	3	7	9	5		6		

			8		6	7		
3	6	9	4	5		2	8	
							6	
		8			4		7	
	9						2	
	4		1			9		
	3							
	5	2		7	1	6	9	4
		4	6		9			

SUDIOKU

						7	6	
			9	5	2	8		
	9				6	4	5	
	1			9		5		4
			4	1	7			
8		7		2			1	
	5	9	2				8	
		2	7	8	3			
	8	1						

	8			4	1	5		
3	4		5				8	
		6			8		1	
	9		7					5
7								8
1					5		4	
	5		1			7		
	2				4		3	1
		8	9	7			5	

	2		9		6			
		8			5	4	6	9
		6	1					3
3					1	7		8
				7				
8		7	4					6
6					4	3		
9	7	2	6			8		
			8		2		5	

7		4			9		5	
1							9	
		3	8	4			7	
	3	7	6					9
	1						4	
9					8	7	3	
	7			2	1	4		
	5							3
	6		5			1		7

SUDOKU

						7	6	
			9	5	2	8		
	9				6	4	5	
	1			9		5		4
			4	1	7			
8		7		2			1	
	5	9	2				8	
		2	7	8	3			
	8	1						

	8			4	1	5		
3	4		5				8	
		6			8		1	
	9		7					5
7								8
1					5		4	
	5		1			7		
	2				4		3	1
		8	9	7			5	

	2		9		6			
		8			5	4	6	9
		6	1					3
3					1	7		8
				7				
8		7	4					6
6					4	3		
9	7	2	6			8		
			8		2		5	

7		4			9		5	
1							9	
		3	8	4			7	
	3	7	6					9
	1						4	
9					8	7	3	
	7			2	1	4		
	5							3
	6		5			1		7

SUDOKU

8	5	1			7	3		2
			5		2		4	
2		4		3				
5					4			
7								6
			2					5
				5		2		9
	7		8		6			
9		5	4			6	3	7

5						1	7	
				9	7	6		
1			5				8	3
9			7	2				
	7		6		4		3	
				8	3			1
6	8				9			7
		5	3	4				
	1	3						5

5				3		1	6	4
1							9	
					5			
2				1	7	4		
	7	1	3		4	9	5	
		5	2	6				8
			7					
	4							1
7	1	3		4				5

6	5						8	
					5			1
		1	6		3		9	5
		8		9	1		4	
			5		7			
	3		8	6		5		
4	2		7		8	1		
7			9					
	6						7	3

SUDOKU

7			3			9		4
	9			6			2	
			9		5			8
	7		1				4	
		8	7	5	6	3		
	1				3		6	
6			5		4			
	2			9			8	
1		7			8			6

			8	4				6
4					9	3		
	2						1	7
		2		1	5		4	
	4		9		2		5	
	7		4	6		2		
7	3						6	
		5	6					4
2				5	8			

SUDOKU

		3						7
4	9							
	1			3	2	8		9
	8			4	7		6	
	5	2		6		1	3	
	6		3	2			9	
2		1	7	8			5	
							7	6
6						4		

			7	2			4	9
			8					
	6				3	2	5	
	5	4		3				2
9			5		2			4
2				1		5	8	
	8	9	1				2	
					7			
5	4			6	9			

3						5		8
	2				8			
9		8	3	1				
7			5		6	9		
	3		8		2		4	
		2	1		3			5
				5	1	7		9
			2				5	
1		9						4

		4	8	5				
3	8			7				5
		5				3		
	3	9	2		6			
4	2						3	7
			4		7	6	9	
		3				1		
6				2			8	9
				1	9	4		

SUDOKU

			3		5	4		
5	1			8			3	
	6					7		8
			1			6	2	3
9								7
7	2	6			3			
2		7					1	
	4			7			6	5
		5	8		4			

				2	6			3
2					7			4
7		3		8			9	
	1			6			4	
9		8				6		5
	2			7			3	
	4			1		2		9
6			7					8
1			4	9				

4	2			5				3
				6	7		5	
8						2	1	
			7	4			3	
		4	3		8	7		
	8			2	5			
	4	2						9
	6		9	3				
3				8			2	1

		4						1
	5		1			7		4
8				2		3	5	
				4	5	1	2	
	3			8			4	
	2	5	6	7				
	7	8		9				3
1		3			7		9	
2						8		

SUDOKU

			3		8			
1								2
4	5			6		9		
8	2			1	6		9	
	7	5				1	6	
	9		8	7			5	4
		3		4			2	9
5								6
			9		5			

1	5		9			7		
8		7			5		3	
				8			5	
			2		1	5		3
			8		6			
2		9	3		7			
	4			2				
	2		6			8		9
		3			8		2	1

			7	2	8			
		9		3			4	
		2	9				7	8
	4	3	1					7
		5				2		
7					4	6	9	
2	5				9	8		
	9			7		4		
			2	1	5			

	3			4		5	2	
	2		6			9		
				9	2			4
9						1		7
		1	4		9	8		
5		2						3
8			5	2				
		3			1		4	
	5	4		7			8	

SUDOKU

9		4		2	6		1	
		2	9			4		
	5		7					2
	6			4			3	
2								6
	1			9			8	
7					2		4	
		1			3	8		
	3		4	1		7		5

		9			5	8		
1		2						3
	4	5	1		8			
5		6	8	4				1
2				3	7	9		6
			7		6	1	9	
8						6		5
		7	2			3		

2			9				1	4
5				4				2
	3			5	7	9		
	5				1	6		
	6						7	
		8	7				9	
		3	5	7			4	
8				3				7
7	2				9			6

		8						
	1		8	6		9	5	7
	2		5					
6		2	9			1		
	4	1				6	8	
		7			8	2		9
					6		2	
1	9	6		2	4		3	
						7		

SUDIOKU

9		7			5			3
			3		9			
2	4					1		
4		5		8				7
	3		9		6		8	
8				3		2		9
		9					2	6
			6		3			
3			8			7		1

8								
6		2	7		9			
	4	7			3	6		5
			3			5	7	
	1		2		8		9	
	9	5			4			
5		3	9			2	6	
			5		6	4		8
								9

4					8		6	
8		1				3		
			3	1	4	2		
	6	7		9				
1		3				9		2
				7		5	1	
		4	8	3	5			
		8				6		1
	9		6					3

	7	5		3				
2		3	7		8			1
	9				2			
6	4		1	8				
9				7				2
				2	9		4	6
			4				1	
4			8		3	2		9
				6		7	3	

SUDOKU

6						5	1	
				1	4			7
	9		7		6		4	2
			8					4
	5	4				8	2	
9					7			
4	6		3		1		7	
3			4	7				
	7	8						1

8	2				5			4
3		9		7	8			
1							5	
	8	2	6				7	
5				2				6
	3				7	1	2	
	4							7
			7	4		5		9
7			2				4	1

5			9		2			
	6			5		9	1	
	4					5	2	8
		6	1	4				7
8				2	3	4		
3	7	5					8	
	2	1		3			5	
			2		5			1

	2		3			1		6
	4							2
7			4		2			3
		2	9	3				
	1	6		8		2	3	
				1	7	9		
1			8		3			5
2							1	
6		5			9		8	

SUDOKU

	9			5		3	4	
		1					2	
	3		6				1	
7			3					1
3	1	6				5	8	4
8					6			3
	5				1		3	
	6					9		
	8	4		6			5	

					2		4	
4			6			3	8	9
1		3			8			6
				9		8		
3			2	8	6			5
		6		7				
5			7			6		8
8	7	1			5			4
	2		8					

9		5				3		
2			5		3		6	
					7		4	
8		1		4	2			
3	9						2	8
			8	9		4		6
	8		4					
	2		1		9			4
		6				7		1

		5					6	
9			4			1		
		4		9		8		7
6				8			4	1
	4		3	5	2		9	
8	3			4				5
5		8		7		4		
		7			9			3
	9					7		

SUDOKU

7				4				
9		8					1	7
		4	7				2	
1	5				8			
	9	6	1		7	5	8	
			2				9	1
	7				3	2		
8	4					1		9
				9				4

			1	3		6		
		4		2	9		3	
3			6				4	
	9	8	3		7			
	3			1			9	
			9		8	7	1	
	8				3			7
	5		8	7		1		
		9		4	1			

1			6	7				
		8		1	9		4	
		9	5	2		8		
		5		3			8	4
9	1			4		5		
		7		8	6	9		
	2		1	9		7		
				5	7			6

		5						
	6			2		5	4	3
					5	7	9	8
		8	9		6			
1		7				8		6
			7		8	1		
9	8	6	3					
4	5	2		8			3	
						9		

SUDOKU

4		7	5	1				
					9		1	
		1	2		3			6
		4					8	5
	9		1	5	6		3	
2	5					1		
3			4		1	5		
	2		3					
				2	5	3		9

7						3	6	
				3	2	1		4
3		8			1			
		7	6			9	4	2
8	6	4			7	5		
			5			4		1
4		1	3	9				
	5	3						7

2			9			3	5	7
7		8		1		6		
	5							
6					2	4		
	1		3		5		7	
		2	1					5
							6	
		6		3		9		8
1	4	7			9			3

					4	6	1	8
			1		3	7		
	9						4	2
3				5			6	9
5								7
2	8			7				4
6	5						2	
		8	4		6			
9	7	3	5					

SUDOKU

8				2	7		3	
	4				9			
7	6				3			9
3			4	8			9	
		8				6		
	9			5	6			8
4			2				5	1
			7				6	
	5		1	9				7

	8		2					
3	4		8		9			
9		5		7	4			
		8			3		7	1
6				9				8
1	3		6			4		
			9	2		1		6
			1		5		8	3
					7		5	

2	8	3				9		
	1		2			3		
		7	9				8	
			7	2	6		1	
			5		3			
	3		8	4	9			
	7				8	2		
		5			7		6	
		9				8	3	7

7		3		6		2		9
8			4					6
			9		3		1	
4		7						
2		5		9		7		8
						5		3
	6		2		7			
3				9				7
5		9		8		4		1

SUDOKU

				6	2			3
4	6	2						
3	5	9				6		
				2		7	6	
		6	1		9	5		
	1	7		4				
		8				9	5	4
						8	1	2
5			9	1				

1	7			5		6		
								5
		4		1	6		9	
6	8			3	5			
		3	2	8	9	5		
			1	6			2	8
	6		7	4		1		
9								
		7		9			8	3

4			5				3	
	9			2		6	4	
2	7				3	8		5
								3
		9	4		2	7		
7								
8		7	3				5	6
	1	4		6			7	
	5				7			8

6			8	3				
4				2	1		3	
					4	6		1
	4		2				5	
2	6			9			1	7
	5				7		8	
9		4	5					
	8		1	6				5
				4	8			2

SUDOKU

4		8			1			
	5		6			2		
	1			9	2	3		
6			3					
	8	7	9		4	5	6	
					5			9
		9	4	5			8	
		1			9		5	
			1			7		2

			4	6	3			
		4			1	8	9	
	3		2		9		4	
5		6					2	8
				1				
8	9					4		7
	8		9		2		5	
	5	9	1			2		
			5	4	6			

				1	2			
	5				8	7		
2		4			3			9
5				6	1	9	4	
	7						6	
	4	6	9	3				5
9			3			1		6
		1	7				8	
			1	2				

		7	5				9	
5		2	6				1	
	8		2		3			
6			7					5
	9	8		5		4	3	
2					4			7
			4		1		2	
	2				7	6		1
	4				5	3		

SUDOKU

						6	7	
				9	1	5	2	
	6	9			8		1	
		4		3		1		
	1		4		7		9	
		2		8		4		
	9		7			8	5	
	5	3	8	1				
	2	1						

5		4	6	9	7			
		8						6
	6		3	5				
	1	3				2		
9	8						4	7
		5				6	1	
				2	1		9	
2						1		
			7	8	6	5		4

SUDOKU

		9		3			8	
4				2	6			3
5	6	3						1
8	2		6				7	
	7				2		4	8
1						3	5	4
6			3	9				7
	3			8		9		

6		7					4	5
1	2							7
		8	7		3		2	
3				7			9	
			3		4			
	7			9				1
	4		1		2	5		
8							7	3
9	6					8		2

	9							
	5	1		2	3	9	7	
		4			6	1		
5	4				8		1	
		2		4		6		
	6		3				9	4
		8	1			2		
	2	5	6	8		7	4	
							5	

			4	2				3
3	6	4			7		2	
5			6					
6	7		2					1
9				1				2
8					3		5	6
					8			5
	1		7			9	3	8
7				9	2			

SUDOKU

			3	9	6	8		
		1			4	5	3	2
	3				5			
9						3		
1	6						2	9
		5						8
			9				4	
5	4	9	8			6		
		2	6	4	3			

		8	3					2
	4	2		7			1	
1			8		2			
	8				5	7		
2			7		4			6
		4	1				3	
			6		3			8
	6			2		1	5	
4					7	6		

2		7	9			8		6
	9		8	5		1		
			3	6			2	
	2					6		
	3						8	
		9					5	
	4			9	6			
		3		8	4		6	
6		8			5	7		4

		5		1			6	4
8			3					2
		9		8				
1			6	2	9	4		
		2				7		
		8	4	3	7			1
				4		5		
4					1			7
2	8			7		3		

SUDOKU

							5	9
				9	5	7		
				2		1	3	
8		6			1	2		4
		9	7		2	3		
7		2	8			9		6
	8	4		3				
		7	6	8				
2	9							

7			6	9			8	
8	2	5			4			
					3	4		
		7	1		2			6
		2				1		
6			4		7	3		
		8	2					
			3			9	1	4
	3			7	6			8

			2		1	8		
			8	7				
		5			3			2
4		3		2			9	1
	2	6				7	5	
9	1			4		2		3
3			6			1		
				9	2			
		2	4		7			

9	5		4			1	3	
			2	6				7
				1			2	
				9	1		5	
6	1						9	4
	9		7	4				
	2			7				
1				2	6			
	4	5			9		1	2

SUDOKU

								9
3	5	9	1					7
1					2	3		
9				4		8		1
		1	3		9	7		
2		3		7				5
		4	5					2
7					8	5	9	4
5								

					2	6		
3	8				5		1	
4			7	1			3	
	7					8		3
8		6		4		1		7
9		5					6	
	9			8	7			6
	5		9				7	8
		8	3					

		9					6	
		7	8	6				
5					7			
		3	7	8			4	5
7	1		4		5		3	8
8	5			9	6	1		
			5					6
				1	8	2		
	3					7		

				5				
	7	9		4	1	8		
3			9			5		4
	1				8		2	
		8	2	3	4	7		
	5		7				8	
8		5			9			1
		4	1	6		9	5	
				8				

SUDOKU

			2		6			8
		4		5		9		1
							4	6
		1	4	3				7
	2		1		7		8	
4				6	2	3		
1	8							
9		5		1		8		
7			5		4			

				3	8		4	
	9	6		7		3		
4	8		1	5				
			7		5	6		
	3						2	
		7	3		1			
				8	7		3	6
		2		1		9	7	
	7		5	6				

	3	1			5		2	
6						1		
		7		2	3		8	
				9	1	5		
7	1						9	4
		5	6	7				
	8		9	4		2		
		9						8
	6		8			7	5	

		6	8		9			7
		2			7		6	
7	5	8	1					9
			7					5
		4		3		7		
8					5			
6					3	2	1	8
	8		9			6		
1			6		8	5		

SUDIOKU

8			4		6		1	
		3		5	9			
			2			4		5
6		4	8			2		
	1						8	
		8			1	3		7
4		1			2			
			9	1		5		
	9		3		4			6

4		3		6	7	1		
			3		4			
	9	2						6
			5	8		3		4
	5			4			1	
8		6		7	3			
1						7	4	
			7		1			
		8	4	3		2		1

	2			7				
9	1		4				7	
		5	6		9			
3				5			2	
5		2	3	6	1	4		9
	6			2				3
			2		6	7		
	4				8		6	2
				4			1	

	7				8		6	
	5			7			8	1
8			9					3
	9			6	1			
		6	4	9	3	1		
			8	5			9	
9					2			5
6	8			3			7	
	3		7				1	

SUDOKU

5					2		4	
		7	9	3			6	
		3			7	1		
1			4				7	3
	2						1	
7	8				1			6
		1	2			9		
	7			5	9	6		
	5		1					2

	6	4		9				3
1		3			2			8
		7	1	6				
						4	3	
	3		7		9		1	
	1	2						
				8	5	6		
3			6			7		9
6				4		3	5	

		7		5	6	1		
				8	1			7
						5	9	6
5		1	7			2		
9								4
		2			5	9		1
4	3	5						
7			5	1				
		9	2	4		8		

	3	8			1	7		
	9			2			1	4
			7	8				
		1	2					5
7		2		5		9		8
8					6	1		
				1	2			
4	2			9			5	
		5	6			2	8	

SUDOKU

	5	3					1	
		6		8				
	7		3	6	9			
3	6		4			7		2
	4						5	
5		1			8		4	6
			6	2	4		3	
				5		4		
	3					1	6	

5			7			6		2
	4	2			9		1	
1			5				3	
			6	5			9	
			8		7			
	5			2	4			
	7				6			9
	8		9			4	2	
9		6			1			7

			3					2
		2	1				6	3
					9	5		1
		9	6	7		8		5
	6			9			2	
2		8		4	3	6		
5		6	4					
9	2				6	1		
3					5			

			7	6		8		2
	6					3	7	
		4			1			
9	4			7				3
	7	2				4	5	
5				3			1	7
			5			6		
	2	5					8	
4		7		2	8			

SUDOKU

3		2		6		8		7
5		6		2	8			
	7				3		9	
6		7						
	3						1	
						7		9
	8		6				4	
			2	8		1		3
1		9		3		2		8

7				6	8	9		
		8	9					
2				4		3		
9	2	3	4				5	
	8						4	
	4				3	1	2	9
		6		8				7
					4	8		
		2	7	9				4

			4	8	3			
	9					3	4	
			7	1		2	8	
9	5			3				
2		8				6		3
				7			5	4
	3	9		5	4			
	8	1					7	
			8	6	7			

			1	3		6		
		4		2	9		3	
3			6				4	
	9	8	3		7			
	3			1			9	
			9		8	7	1	
	8				3			7
	5		8	7		1		
		9		4	1			

SUDOKU

			4	2	7	8		
		8	3					
1	2		9				3	
	8	3		4				
9			1	3	8			5
				7		4	8	
	6				3		4	1
					4	5		
		4	7	5	2			

	2							1
9			1				2	7
4	1	3	6			5		
7		2						
5	4			9			7	3
						1		2
		6			3	7	1	9
3	8				1			6
1							8	

	3	4				8	6	
2		9			6		3	
			5	3			4	
							2	5
		5	6		9	4		
6	7							
	4			8	1			
	6		4			9		3
	5	2				7	8	

	4	8				3	1	2
7	1		4				5	
				3				
		4	6		8			
	2	5				8	6	
			5		4	1		
				7				
	7				3		9	5
3	5	9				4	8	

SUDOKU

				5			4	
			4		9	1	3	
	4	3	6					2
				3			5	7
		6	5		2	8		
4	8			9				
1					7	5	6	
	5	9	1		8			
	3			6				

			4			5		9
				3	6		7	
	5	2		1		6		
1	7	3			8			5
8			1			9	2	3
		7		6		2	5	
	4		3	9				
6		1			4			

1							7	
2		4	5					
		7	6	8				5
9			1		5	4	2	
8								7
	4	5	2		8			3
4				5	1	7		
					2	6		9
	2							1

			7					
	9	4		6		5		1
		3	2	4				6
5	7	9			6			
2				7				3
			9			7	1	5
4				2	7	3		
8		5		9		1	6	
					8			

SUDIOKU

	4						3	
	1			2	5	7		
		2		8	4	5		6
		3		6		9		
			8		3			
		8		4		6		
2		7	9	3		4		
		4	5	1			2	
	3						9	

			4			7	8	
				2		5	9	
5			8			4		1
8	2			4	3			
		6				2		
			9	5			4	8
1		8			7			4
	5	2		9				
	3	4			1			

1	8			7		2		
		7			4			8
9		5			3	6		4
		3					2	6
				8				
2	1					9		
3		2	7			1		9
5			4			8		
		8		3			6	5

		3		9				5
			2		3			1
2		9	4			6		
5	6				7		3	8
3	2		6				5	9
		5			8	3		4
1			3		9			
8				6		9		

SUDOKU

	1	9						
	7		3	4		2		
			8	5	9		7	
4		1			7		2	
7								5
	8		1			7		6
	4		7	3	8			
		8		1	2		6	
						9	3	

			3	8	5	1	6	
					6		7	
		4		1			3	
		8	7			2		3
2				5				9
3		5			1	6		
	8			7		3		
	3		6					
	7	1	5	3	8			

SUDIOKU

				9	5			4
4	5		2		7			1
	7			6		2		
1							4	
5			4		6			9
	8							6
		8		4			9	
3			6		8		2	7
7			9	3				

2		9		5		3		7
3				6		5		
5	6		9				2	
9						6		
			4		5			
		4						2
	9				3		8	6
		5		1				3
6		8		4		7		1

4		6					7	
	1						6	3
		7		4	6			9
			1	2			9	4
	4			6			3	
1	2			7	4			
6			5	3		8		
2	7						5	
	8					9		2

			8		1	5		
	4		7	9		1	2	
				3			9	
	7				8		4	
2			3		7			8
	8		5				6	
	6			7				
	3	9		5	2		7	
		1	4		9			

SUDOKU

9		1				5		
3		5			1			6
7			5	4				
2				1			6	
1	6						5	3
	9			6				2
				9	3			1
4			2			9		5
		9				8		7

			1			3	7	
		7	3	8				
6		1		2		4	5	
		3					8	
9			2		3			4
	5					9		
	2	6		7		8		9
				6	1	5		
	1	5			2			

8			4					2
4			1	5	8			
9						7		
	1		8					9
5	8		7		2		6	1
3					5		2	
		6						5
			9	8	3			7
7					1			3

6	2				3			4
		3	9	5		6		1
					2			
		5		3			4	
9		2				8		5
	6			9		1		
			5					
8		6		2	7	5		
2			1				6	3

SUDOKU

	2	6		7				3
	7		3				8	
			2	9		5		
	3		9				2	
4	5			2			6	8
	1				6		5	
		2		4	7			
	6				9		3	
7				3		6	4	

5		9				7	3	
	7						2	
			9			5		6
			4	3		2		
	2	6	1		7	4	8	
		7		6	2			
1		3			9			
	4						7	
	6	2				1		3

							9	4
6		3	4					
	4		9	8	6			2
4	1				7			5
	2			4			6	
5			3				7	1
8			6	9	1		4	
					4	5		8
1	3							

5						9	7	
	2		9					5
4	9	3	5				1	
	1			3	9		5	
	7		6	5			9	
	8				7	5	2	3
3					1		6	
	4	6						9

SUDOKU

7			5	6	2			
							2	5
	3	2				4	7	
	4			7	9			
	9		6		3		8	
			4	2			6	
	7	5				6	3	
4	1							
			8	9	5			1

					1		5	3
1	4							6
	3		8			7		
5	7			4	8	3	6	
				6				
	6	1	2	5			8	4
		6			3		2	
9							7	8
4	1		7					

		4		9	2			7
9				3		5		8
		2	5					
		9			5		7	1
		3				4		
7	6		1			2		
					3	9		
1		6		4				3
5			6	1		8		

	4			2	3	1		8
8				9				7
9					8	6		
	5	7						
2	8						5	6
						7	1	
		5	9					4
4				6				1
1		9	2	4			6	

SUDOKU

6			3			5		7
				6		1		4
		2			1		9	
5	9				2			
1			8		6			3
			7				4	9
	1		6			3		
7		3		2				
2		8			3			6

5					2			
	6	2					1	3
	4			7		5		8
					9		3	7
	9		5		7		6	
8	1		6					
3		5		6			8	
9	2					6	5	
			2					1

	6			9			5	
7		9			5	8		
	5					4		2
	8			6	7			
		5	1		8	7		
			5	2			4	
8		4					3	
		3	9			2		5
	2			3			8	

7			1			3		2
2	5	3			9	1		
	1						5	
					5		7	
	6	1				2	3	
	7		4					
	2						1	
		5	6			4	8	9
9		8			1			7

SUDOKU

			3			8		
	4	7	8	1			2	
6		8			9	1		
					4		1	8
		4				7		
8	9		6					
		5	4			2		6
	8			5	7	3	4	
		9			8			

				1		4	7	
	1		7				9	
4			8	3				2
				8			6	
1	6	2				8	5	9
	3			5				
6				7	2			5
	2				8		3	
	7	1		6				

1	8						5	
		5	2		9			
	9				1			
5				6	3		9	4
	4	1				6	2	
9	7		4	8				1
			7				1	
			9		6	4		
	5						6	2

1		2			3			
	5	4		8				
3	8				5			
9			1	6			5	
8	6			2			3	1
	2			3	9			4
			3				9	8
				7		1	4	
			9			5		2

SUDOKU

						8		6
4		5	6	9			1	
		9			2	4		
5					3		8	
		7	8		9	6		
	9		2					3
		4	7			1		
	6			4	1	7		8
7		3						

				2	4		1	
	6		1					
8	9			6		3		
3	4			5		8		9
5				4				7
2		6		7			5	4
		4		3			2	1
					6		7	
	7		5	1				

5		1		3		8		9
	8							6
		9	7					
	5	7	6		1	2		
		8				4		
		2	5		3	9	6	
					7	6		
7							4	
2		6		9		7		5

1		7	8	6			2	
5				4			9	
		2	3			1		
	7			8				9
		8				6		
9				2			3	
		9			4	7		
	4			5				2
	2			3	6	8		4

SUDOKU

	4		9	3		1		
8						3	4	
		1			4	2		
6							3	9
	8	7				4	5	
4	1							8
		5	1			8		
	3	8						4
		4		8	3		6	

3	4	5					7	
		6					2	5
				5	3		6	
1	3		5	9				
	8			2			9	
				1	8		5	2
	6		1	8				
8	2					5		
	5					6	8	9

	7		5		6	9		1
			2	1		5		
					9	7		
		7		2			9	3
		3				8		
8	9			7		4		
		6	8					
		1		5	3			
5		9	1		2		4	

7			1					
2				4		8		1
	8		2			6		
	1	8		2				6
	3		6	5	4		8	
6				3		2	5	
		4			9		6	
3		6		7				8
					8			5

SUDOKU

4					7	1		
		7						8
6	1	8		5	2			
3					8		9	5
		2				7		
5	6		7					1
			2	1		8	3	6
8						5		
		3	5					2

			1		7		8	
		9		2	6			7
		8			5	6		
5		6				7	2	
8				5				9
	7	2				4		8
		4	5			2		
2			3	1		8		
	3		2		8			

	5	3		1				
					8	3		2
	7			9			1	
6					9	5		8
	4		7		2		6	
7		5	6					1
	2			3			8	
9		6	8					
				6		2	4	

	8							
		6	1	4	5			
				6	2		5	7
	2	7			8	4		5
6				9				1
8		1	2			6	7	
4	9		7	8				
			3	5	6	2		
							1	

SUDOKU

		8	7	4	9	5	2	
9	6							
			3			7	1	
	2			3			5	
		5				9		
	8			1			7	
	5	6			1			
							6	8
	7	1	2	9	6	4		

4		8			7	2		6
		2		3	8			5
	5				1	8		
	9	4			5			
				7				
			1			3	4	
		9	8				2	
5			7	4		6		
8		6	2			4		1

7				4		1		
4		5	8		2	3	6	
			7		6		2	
						5	9	
8				9				3
	4	1						
	2		6		5			
	7	9	1		8	4		6
		8		3				5

			7				3	1
	8		4			7	6	
6		7		3	2			
5	4	1				8		
				5				
		6				5	7	9
			9	2		1		6
	1	5			8		4	
7	6				1			

SUDOKU

4			8		3	5		
	8			6		3	4	
3		6						
			6	7			5	
	1	9				6	8	
	2			8	4			
						7		1
	7	1		9			3	
		8	7		2			9

		7						8
3							5	
	9		6	1	2			
	4			5		7		
7	5	3	4		8	6	2	1
		1		2			4	
			1	4	3		6	
	6							7
1						5		

7						5	9	
	4	6		3	9			
1					8	3	2	
5	2							
		8	7		1	4		
							1	8
	1	7	4					9
			9	8		1	7	
	3	9						5

		1	2	6		8		
	6	9		1	7			5
		3						
9		6		8			1	4
3	1			4		7		2
						5		
1			5	2		6	3	
		5		7	6	2		

SUDOKU

			3		6	5		
	4			2		6		1
			4			8	3	
4					3			6
	7		5		2		1	
2			6					8
	2	6			8			
3		4		7			6	
		7	1		4			

		2			5	3		
	5		7			2	1	
	6			2	1		5	
9	4	1						
			2	4	8			
						4	7	3
	2		9	5			3	
	7	6			2		8	
		9	8			7		

5					1	6	7	
			3				5	2
2	3			4				
			7	6		9		
	4		2	9	3		8	
		9		1	4			
				7			2	5
1	2				9			
	6	8	1					9

		1	5		4		2	7
5				1	7		8	
7								6
				7		6		3
	4			2			5	
6		8		5				
8								4
	9		8	6				5
3	2		7		9	8		

SUDOKU

		5	2		9			8
	4							
			5		1	6	2	3
				1			8	4
	3	1				9	6	
8	2			5				
9	5	6	1		4			
							5	
4			6		5	8		

6	2		4					
		4	5			3		
5			2	9			6	1
		5	1				7	
		6		8		9		
	9				7	1		
4	5			1	2			3
		3			6	2		
					4		5	9

SUDOKU

					9	4	7	
	2	8						6
		4	5	8	1	9		
			8	1		3		9
				7				
1		9		6	3			
		2	1	5	8	7		
8						6	3	
	4	1	3					

2	5		7		6	9		
	8		4		5			2
6				3				
5				7				3
	7						1	
3				1				9
				2				6
9			3		8		4	
		2	5		1		9	8

				8			5	
2	3	7			4			
	1				6	3		4
		3					1	8
9	5						3	7
6	2					4		
5		4	8				6	
			6			5	4	3
	9			5				

4		9			5			
	7	3				5		9
8					9			
	1		3	9	2			
	6		7		4		1	
			5	6	1		2	
			2					7
1		6				2	5	
			9			1		4

SUDOKU

		3						4
7			4		6		5	
8	2			7			3	
4		8		6			2	
			7		3			
	9			8		5		3
	4			2			6	7
	7		3		1			5
9						3		

	9	7		4			3	
8		4		5				
2			8	1				7
					7	4	9	
6								8
	8	3	1					
3				2	8			6
				7		1		4
	7			6		3	2	

			1	3				
	7		9	6			5	
5	9	6						1
			7			1		5
3	8						7	9
7		4			9			
8						2	4	3
	4			8	3		1	
				9	1			

6	5	1		4				
		3		8		5	9	
4	9				5		7	
					2		4	
		7				9		
	4		5					
	8		4				2	1
	1	4		6		7		
				7		4	6	8

SUDOKU

				6			3	9
1								
	9		2					7
4		6	3	5			7	1
	1		6		7		9	
9	7			1	8	5		6
7					4		1	
								3
5	3			8				

						2		9
		1		9	2	8		
9			3	8				
	6	4				5	8	
		3	8	4	5	6		
	2	5				4	9	
				3	7			8
		6	5	1		9		
4		7						

9	2		5			8		
5						6		4
		8					7	
1		6		3		2		8
			6		2			
4		2		5		1		6
	8					7		
6		1						5
		9			6		4	2

7				1		2	3	
3	2						9	
	1		3	7			6	
					5			9
9		1				4		8
2			9					
	3			9	4		5	
	9						8	3
	7	2		8				1

SUDIOKU

					9	4	7	
	2	8						6
		4	5	8	1	9		
			8	1		3		9
				7				
1		9		6	3			
		2	1	5	8	7		
8						6	3	
	4	1	3					

2	5		7		6	9		
	8		4		5			2
6				3				
5				7				3
	7						1	
3				1				9
				2				6
9			3		8		4	
		2	5		1		9	8

				8			5	
2	3	7			4			
	1				6	3		4
		3					1	8
9	5						3	7
6	2					4		
5		4	8				6	
			6			5	4	3
	9			5				

4		9			5			
	7	3				5		9
8					9			
	1		3	9	2			
	6		7		4		1	
			5	6	1		2	
			2					7
1		6				2	5	
			9			1		4

SUDOKU

7					4		1	8
					3	7	9	5
		1		6			4	
3					1	8		
5				4				7
		6	3					4
	5			3		9		
1	2	8	4					
9	7		5					6

2							3	4
			8		6	5		
	6	4		5		8	1	
			2			7		
1	7						6	3
		3			1			
	1	8		6		2	9	
		7	9		5			
4	9							8

1					8	4		9
4			1		2		7	3
				4				
	1	7			3		6	
		6				8		
	4		7			9	3	
				1				
7	6		4		5			2
3		9	2					1

	9				6	1		8
2	5				1		4	
		4					9	
		1	7	9				3
	7			2			5	
8				3	5	9		
	3					7		
	2		5				6	9
6		9	2				3	

SUDIOKU

					1			
9					3	7		
	5	6		2			3	
7		5	8			3		
6	8	2				9	7	5
		3			7	8		2
	4			3		1	6	
		1	9					3
			1					

				1				4
8		4	3		5			
6			7	8		1		
1		7					8	5
	4						3	
5	6					2		1
		6		4	3			8
			8		1	6		7
2				7				

				9	7	6		1
7		6	2				4	
	3		4					
			9		2	4		
4	5			3			9	8
		3	1		8			
					4		1	
	2				9	3		5
8		9	5	7				

	8				1	5		3
				8			6	
	5	6	2	3		1		
4				5	2			1
5			7	9				2
		8		7	5	4	1	
	3			6				
6		7	1				9	

SUDOKU

				2			8	9
9		2	4	3			1	5
5		3						
4			2	7				
	5			6			3	
				5	1			7
						8		1
3	4			8	2	7		6
2	7			9				

			5		2	9		3
			8			2		
4	8	2			7		5	
	2	6						8
			4		9			
7						1	2	
	6		2			7	4	9
		4			8			
2		3	9		4			

		7		6	1			
	9			3	5		6	4
6	3			2			8	
5						9		
	7			9			1	
		6						8
	6			4			5	3
7	8		3	5			9	
			9	1		4		

		6		2	7			
		5				9		7
			8			4	3	
5		8				6	4	
4	7			6			5	2
	2	9				7		3
	5	4			8			
1		3				5		
			3	1		2		

SUDOKU

	9				2	4		
6					9	5	1	
	5			1			3	2
	8	2		6				
7				3				8
				4		1	7	
5	3			2			9	
	1	6	8					5
		9	6				4	

							7	6
	7	4		1			5	8
5					7			
	1			6	5			7
	9		3		4		1	
6			1	2			9	
			8					5
3	5			4		8	6	
7	6							

5		9			6		3	
	7	4				9	2	
							4	6
8		1		3				
	2		1		7		8	
				6		3		9
1	8							
	4	5				8	7	
	6		5			1		3

	5				4			1
8			1		3			
3	7	1			5	8		
		6	5				2	
		5				1		
	8				9	6		
		9	7			3	1	6
			2		1			5
5			4				9	

SUDOKU

2		1		9			3	5
				6				
	4	7	3				9	
6	7				8	3		
			6		1			
		8	4				2	6
	9				2	7	6	
				4				
3	1			8		5		9

5	6							2
1			9					
		9		2	5		4	
3		6				7	2	
9			8		2			3
	4	1				5		8
	5		1	4		6		
					8			4
4							5	7

9		8		7		2		
		4			9			
			4		6	3		
	4			5			3	
	1	3	9	6	4	7	5	
	9			8			2	
		9	2		8			
			7			1		
		2		9		8		7

6				9	1	8		
		4	6				1	
		9	7		8			
				3		5		2
	6	8				1	3	
3		5		6				
			4		5	7		
	5				6	2		
		2	9	1				5

SUDIOKU

			6			4	5	7
								9
2	5	9		8	7	6		
	3					7	6	
			5	7	2			
	7	4					2	
		5	2	9		1	7	6
9								
7	1	6			5			

		6	3	4		2		
	7				2			
	2	9				6	3	8
					4		1	
7		8		3		9		4
	9		2					
2	1	7				8	5	
			5				6	
		5		2	3	7		

		5	6		8		2	
4		8			2			
6		3		4	7			
5		7				2		
	3						1	
		2				9		5
			3	1		7		6
			4			3		2
	8		2		6	5		

1			6	5				
7		6				8		
					7		6	5
		4	8			6	7	
	9	7				5	3	
	2	5			6	9		
9	8		5					
		3				2		9
				4	9			7

SUDOKU

1		2		4	3			8
3		8						
	7						2	
	3	9	1		7		8	
			4		9			
	1		8		5	9	4	
	6						5	
						8		2
5			9	8		4		3

3	6				1			8
		7	3					
	4		5			6		
6	7			3			5	
1		2		7		3		4
	9			5			1	6
		6			7		8	
					3	9		
9			6				3	7

					7	9		1
	6			9		7		
		4			6		5	3
9	7	5						
	2		3		1		7	
						5	2	4
1	4		9			2		
		9		1			3	
8		7	5					

	4	3	8			2		
					2		7	
6			9	7	3	8		
4	8	7						
2								8
						5	4	3
		8	2	4	7			5
	2		5					
		9			6	4	2	

SUDIOKU

7							9	
	6	2	3					
	5	9			1	6	2	
9					3			
2		6	1	7	9	5		8
			6					9
	7	8	2			9	5	
					4	8	1	
	2							6

			7	6		5	1	
		1	5	8				
	7	2				4		
			1			9	4	
	6		4	9	8		7	
	4	7			6			
		4				3	9	
				7	9	1		
	3	9		4	1			

	3				1	5	8	
		5					3	4
		6			5	9		7
		3	5	2				
		1		8		3		
				3	9	6		
3		8	7			4		
4	5					7		
	2	7	8				5	

				3		6		
				2	9	5		1
3	1				5			2
				5		2		4
		6	4		2	8		
5		2		6				
6			2				5	7
4		3	8	7				
		9		4				

SUDOKU

		4		3				2
	6	9					8	
		2	1		4		3	
	4		8				5	7
			3		7			
7	9				2		1	
	8		2		1	6		
	1					7	9	
4				7		1		

		1			9	2		
3				2			9	
2	8					1		6
6			4				8	1
			6	3	5			
7	2				8			4
1		7					3	8
	5			8				7
		6	5			9		

SUDIOKU

			3		2	8		
		3	7		4	2		5
		8			9	3		
5				9			8	2
2	6			4				7
		2	9			1		
9		7	2		5	4		
		6	4		1			

5	2						4	
		3		4		1	5	2
						6		
9	3				5		6	
	8		1		6		9	
	7		8				3	1
		9						
6	1	8		2		4		
	4						1	3

			4		5		7	
3				9			6	
		4			6	5		3
	9		3			2	4	
		6				8		
	8	2			7		3	
9		8	6			7		
	1			2				4
	2		8		4			

3	9			8				
	2		5			7	3	
	1				2	9		
		4	6					3
2	3						8	4
7					4	5		
		9	2				1	
	8	3			7		6	
				6			4	9

SUDOKU

2			8		4			
	5			1		2		
				6	2		5	8
		2			6	5		
5			1		8			3
		1	3			9		
1	3		5	4				
		4		8			7	
			6		9			4

4				8	6			
		3	5			6		
			3	1	2			9
8		7	2	5				
2				7				6
				6	9	2		3
1			9	3	5			
		6			7	3		
			6	2				4

		5		1				
7			6	2				
4	8				9		3	
1	6		2			8		
2	9						6	4
		7			6		2	3
	7		1				8	5
				3	4			7
				9		2		

5		7	8	3				
							9	
	6				5	2		7
2	8	9				4		
	7		3		4		5	
		5				7	1	8
8		6	7				4	
	4							
				4	8	6		5

SUDIOKU

2			6	1	8		9	
				4				5
		4				2	8	
	1				5	7		
	4	7				5	3	
		8	7				4	
	8	5				3		
3				9				
	9		8	2	3			4

6		4		9	3			
	2	1	4	6		3		
3					1		7	
5			1				6	
	3				5			2
	5		2					4
		8		5	6	7	2	
			7	8		6		9

2	5				3		9	
			9		5	8		2
		9			2		1	
7		5						
1	8			5			6	7
						2		8
	6		7			9		
9		4	6		8			
	2		5				3	6

5	1				6	7		
	9		2		7	6		
			3	5		8		1
	7		8			9		
		6			1		7	
4		5		6	8			
		9	7		2		8	
		2	9				6	3

SUDOKU

					1			2
3	7					9	1	5
	2	6	4		9			7
	6			9	5			
			1	6			5	
8			9		7	1	3	
6	9	7					2	4
2			8					

			7			6		4
			4		2	1	8	
7				8				2
4		9	8				3	
	2			4			6	
	6				9	4		1
8				9				3
	7	6	2		4			
1		4			8			

		1				3		5
	4			9		1		
9			1		5		2	8
				8	4			3
	3			5			4	
6			2	3				
4	8		3		9			2
		5		1			8	
1		7				9		

3						4		
		4	6	8		1	7	
6				4	1		3	5
					7		1	
			9	1	4			
	4		2					
8	9		4	7				1
	1	6		5	2	8		
		2						6

SUDIOKU

	1	6		9				
8	2		3		1	9		
			4				5	
3	6				9		8	
		2		8		5		
	5		6				7	9
	7				6			
		1	8		3		9	2
				1		6	3	

9				8				
5					1		9	7
1	6	2			7	8		
				7		5		
		5	4		9	6		
		6		2				
		9	7			3	2	4
7	4		6					9
				9				8

1		5		3				9
		8			2			
6		3	9	4				
					3	2		4
		6	5		4	8		
8		2	7					
				1	9	7		6
			4			3		
3				7		5		1

	4			9				
1			7	5	3		9	4
		7			2			3
	8						5	6
		5				9		
4	1						7	
5			1			6		
3	7		5	8	6			9
				7			3	

SUDOKU

7		6	1					
	5				9	1	4	
	1			2			5	
	9				5	8		
5		1		9		2		4
		2	4				6	
	2			4			1	
	3	5	6				8	
					1	6		7

				1	3			
4		7	8			1	3	2
	2						8	9
		5						4
3			6	4	7			8
6						3		
9	5						2	
8	3	2			9	7		1
			3	8				

6					2		8	
	9		7		1			
		2			6			9
9								5
2	1	3	9		5	8	4	7
4								1
5			6			4		
			2		8		9	
	8		1					6

4		2	7		8			
1								
	3			4		8		2
8		9	4				5	1
	1			6			8	
7	6				2	3		4
5		1		9			2	
								5
			8		7	9		6

SUDOKU

				3		6		8
	8		5				7	2
		5		6				9
	5			8	4	9		
	9						4	
		1	2	9			3	
9				7		1		
5	1				6		8	
8		2		4				

	5							
3		2	9			8	1	
1	9	7	8		2			
		6	2	3				
		1				5		
				6	8	2		
			6		3	4	9	8
	6	3			9	1		7
							2	

3	9	6						
8	4		1		6	9		
		2	8				3	
	3				1			
4		1		6		8		2
			5				1	
	5				8	3		
		3	7		2		9	8
						2	6	4

1	3		7	4		5		6
							3	
		5			2			
				3	6		5	
3		1	4		9	8		2
	6		1	8				
			5			3		
	9							
2		4		7	3		8	1

SUDOKU

		7	9	4	3			1
3			1					
8				6				
		8	4		6	7		
	2	4				8	5	
		6	8		9	3		
				9				5
					2			3
2			5	1	7	9		

		2	3				6	
	3	8			7	5	1	
7		1		5			2	
		5	9				7	
				4				
	9				2	1		
	7			8		3		6
	1	3	7			4	8	
	6				3	7		

8	5	4		9		3		6
	1				3			2
					4			
5	8					6		
	3	2				9	8	
		7					5	4
			7					
6			8				9	
7		5		4		1	6	8

2						9		6
	6	3			5			8
	9	1			3			
9				7			8	
7	1						4	3
	3			1				2
			2			5	6	
5			1			3	2	
1		6						9

SUDIOKU

		9	4			2		1
	6		7				9	4
		8					5	
		2		4			8	
7			5		9			2
	3			1		4		
	4					5		
6	9				4		3	
2		3			8	1		

	5	9	4	1			3	
		1			7			
		6		5	9			
		5					7	4
2		8		7		3		5
9	1					8		
			7	9		5		
			1			2		
	6			3	4	9	1	

	1	6						7
9			3	5				
7		8	1			3		
	3			8	6			
5		4				7		6
			4	9			3	
		9			3	2		8
				1	2			3
1						5	9	

1								
	2		4	8	9			
	9	8	3			4	2	
				5			6	9
		9	6		4	8		
8	6			1				
	8	7			5	2	4	
			8	6	2		5	
								1

SUDOKU

8		1	5				7	
	7		4				2	
3						5		1
9				1			6	
5		6				8		7
	1			6				9
2		3						8
	6				8		9	
	9				7	1		6

7			3					4
3			7	8	6			
			9				8	
	4		1			3	9	8
	7						2	
6	9	1			8		7	
	5				3			
			8	5	1			6
1					2			9

		8	3	7		6	4	
4			1			9		
7	9					5	2	
		3		1				6
				9				
5				6		3		
	6	9					3	5
		4			5			8
	7	5		2	6	4		

	1							
	6		5	8		9		
7				1	2	5		3
		6			9		5	
	8	9				6	1	
	2		3			8		
8		1	6	7				5
		7		9	5		4	
							3	

SUDOKU

					5			
		5		1			6	
	6	2	3	9				5
	2	1			8	3		
6		8				4		9
		3	9			8	7	
3				5	4	7	1	
	4			7		5		
			2					

	8	1	5	6				
4					9			
	9	5	8				4	
9		8	4					1
	5						7	
3					6	8		5
	6				7	3	5	
			6					4
				2	5	7	8	

9				1	4	3		
	5	4	3			2		
7				6	8			
1		9			5			
	6						8	
			9			5		1
			8	3				5
		2			1	6	7	
		3	6	9				2

5					1		4	6
4	1			9	8			
	2			5			1	
9				8			7	
		4				1		
	8			6				5
	9			2			5	
			5	1			6	7
7	5		6					9

SUDOKU

	2	1		7				
			5			3		
	3	7		9		4		
	4				9	8	7	
7	1						4	2
	9	8	6				3	
		9		1		6	8	
		3			6			
				3		7	5	

5				1	6	9		
	6			2		1	5	
	3		5			6		
	9		8		4	3		
		5	1		2		8	
		2			5		6	
	8	3		6			9	
		6	7	8				4

3		6	1		9			
	5		2		8	1		
	8							9
	2					7	9	
9			7		5			8
	3	7					6	
2							7	
		5	6		4		1	
			8		1	9		5

			3				4	9
	2	1	9		4			
		3	6				7	
	3	4			6	7		
	7			4			5	
		2	8			4	9	
	5				3	8		
			5		1	3	6	
3	1				8			

SUDOKU

				3		6	4	2
	5		8					3
				1				
3	9				4	7		8
2			9		8			6
5		7	1				2	9
				4				
7					5		3	
4	3	5		8				

	2			6	1			
			4	9				2
4		5	7					1
2	4					1		7
		7				3		
8		3					4	5
7					8	5		6
3				5	9			
			2	7			1	

SUDOKU

4			7				1	
		7		4	9		3	
	2	9				8	7	
6					3			2
			5		4			
9			1					7
	6	8				3	9	
	7		9	8		5		
	9				6			8

8		7		5	2		9	
				3			4	5
5				1		6	7	
6							8	2
3	2							4
	7	1		4				3
2	6			8				
	5		3	2		1		9

						4	5	
		7	4	2		3	6	
			7		6		1	2
			5					3
		1	3		2	8		
4					9			
5	7		2		4			
	8	4		7	1	6		
	6	9						

5			4		6		9	
					2			
9		2	1				5	
2					8	9	1	7
3				4				2
7	6	9	2					4
	1				5	6		9
			8					
	2		9		7			8

SUDOKU

		5		4		8	3	
2	3				9			
		7		5				2
		3	5			6		
	8		4		1		2	
		9			8	3		
5				1		2		
			2				8	5
	7	2		8		4		

		4					7	
	7				6	2		
5			9	1		4		
3					1		4	7
7		1				6		2
2	9		7					3
		7		8	2			6
		8	4				5	
	1					8		

				9		7	1	
			6			2		9
		3	4	1				5
	8	5						6
	2	4				3	7	
6						5	4	
2				4	9	1		
7		9			6			
	4	8		2				

	8	5			1	9		
		6		3				
1	2		6	9			3	
	5		9	8				
	4			5			9	
				4	6		7	
	6			7	3		1	9
				6		5		
		3	5			7	8	

SUDOKU

4					1	9		6
			6		7			8
		6		9		3	4	
6			3	1				
	8			2			6	
				6	5			9
	7	9		5		1		
8			2		9			
5		4	1					2

8	4	7		6	1			5
	6	5	4					
				7				
4		6	7		3			
		8				1		
			1		5	9		4
				1				
					4	6	1	
1			2	5		7	4	8

		6	3				9	
	1	3						
				1	7	3	8	2
9					8		1	
4		8				9		5
	2		5					8
8	3	7	4	9				
						6	4	
	9				1	8		

	8	9			4			
1	6	2					5	
7			2			1		6
			8			2		7
			9	3	7			
6		7			2			
3		8			1			4
	5					3	2	1
			4			9	6	

SUDIOKU

		5		9	1	2	3	
8	1	6						
			7			5		6
		3		6				
4			8	5	3			2
				4		6		
2		7			8			
						3	2	7
	3	1	4	7		8		

		8	5		3		6	7
		1		4				
	5	7	6					
	3		4	8				
1	7						5	4
				7	6		3	
					4	9	2	
				5		7		
7	2		3		9	4		

		2	4		3		8	7
3				1	8	9		
6								
		3			9	8	5	4
				2				
7	1	5	8			2		
								9
		7	9	4				8
4	9		6		2	7		

	1	4	7					
			3			2		6
				9	1		7	
		3			2	9	4	7
		7		1		8		
8	6	9	4			1		
	7		1	2				
5		2			8			
					9	6	2	

SUDOKU

1					3		2	5
		4		1		3		7
			2					
		3		2	8	7		
8		1		3		9		4
		7	4	6		8		
					6			
7		8		9		5		
6	3		7					8

	5				1			4
		9	7			5		
	7	1	8		4	3		6
8	1							
			1		7			
							2	1
9		2	6		8	7	4	
		5			2	8		
7			3				6	

	2	7	3					
9	4	8		1			3	2
3	1				9			
4			1			6		
		9			6			8
			7				6	1
1	5			8		3	2	7
					1	4	9	

		3			7	2		
	4		5				9	
	2			1	3			6
2	3							1
	9	6				4	2	
4							3	9
1			9	3			6	
	6				2		8	
		4	7			3		

SUDOKU

3					4	1		
5						9		
		8		9				6
	7		6				5	1
6		4	5		1	7		8
8	1				7		4	
1				8		2		
		6						3
		7	3					9

	5			4	1			
		6					4	7
	8	1				9		5
		4		1				9
7	3			2			8	1
1				7		2		
5		2				3	1	
9	7					5		
			2	3			9	

	5	8		1		3		
6			7	8			1	
					6	7		5
	6				9	8		1
3		1	6				9	
5		9	3					
	4			9	7			3
		6		2		9	4	

4	1						9	2
9		3		6	4			
			9			3		
2			6		8			
	9	6		4		8	2	
			5		9			6
		9			2			
			3	8		9		4
1	8						7	3

SUDOKU

		5	9		1		4	
	7	1	2	8				
8							7	
1	6				9	5		
			5		3			
		2	1				9	7
	2							9
				5	2	7	8	
	8		3		4	6		

	2		7					6
6	5			4				2
	4				2	7	3	8
		8	9		6			
				8				
			4		1	3		
1	6	2	3				5	
3				7			6	1
4					8		2	

2	7				1	9		
		4		7				
5	9			3	4			
	5	1		9				2
3								7
6				2		4	9	
			4	8			7	6
				6		2		
		6	2				4	8

	5	8			4		1	
3					2	5	8	
	2			8		9		3
	3	4						
		1		9		3		
						4	6	
1		9		3			2	
	6	5	2					7
	7		5			6	4	

SUDIOKU

2	9				1			
5				3	8	9		
			9	7	2	4		1
	6				5	7		
				1				
		2	3				1	
3		1	6	4	9			
		9	2	8				6
			1				8	9

	1				9	3		
3			5	6				
6						5		2
2	9	1		3			5	
5								1
	8			1		2	6	9
9		6						3
				9	8			5
		7	2				9	

				4		8	9	
		7	6	1			4	3
4				8	3			
				5		6	8	
		1				2		
	5	8		2				
			3	7				5
2	4			6	8	1		
	7	3		9				

				8				2
	4	8						7
6		3			7		4	
	6		3		2	5		9
			7		5			
7		2	8		1		3	
	8		4			2		3
5						6	8	
4				5				

SUDOKU

2		9	5			4		
	8						2	
7		6	8			9	3	
			9					3
		7	1	6	5	8		
9					4			
	7	5			6	3		4
	1						8	
		2			7	5		6

		8	4		3	1	2	7
		2			8			
		1	9	2				4
4		7						
	5						3	
						6		2
1				3	9	2		
			8			9		
9	3	6	2		5	4		

				1				
1	6		8				2	
		7	4	9				5
9	4	5			8		1	
			3		2			
	2		1			4	6	8
5				2	1	8		
	7				4		5	2
				3				

	4					8	7	
	2	7	5			4		9
9				4				
		8	9	2	5	1		
		2	4	6	3	7		
				8				5
3		1			2	6	8	
	5	4					1	

SUDOKU

		4			6	2		
8	9						4	7
		7			8			1
	2	9		5				
	7		3		4		5	
				9		4	8	
5			1			7		
7	1						6	3
		6	7			8		

	6					1		
				5			3	
9		1			6	7	8	4
					4	5	7	9
5								1
3	7	9	6					
1	3	6	2			8		5
	4			8				
		8					4	

6			4		3	2		
3		2	9		5	4		1
					8			
9			8			6		
1				4				7
		8			1			2
			5					
7		6	2		4	1		8
		4	6		7			3

	1					9	6	3
		3		2	1			5
	5	7		6			4	
			5	3				2
3				4	2			
	3			7		5	1	
1			8	9		6		
9	2	6					7	

SUDOKU

	7		2			9		1
8		2	9	3				5
					7	8		
9		3		7				
1								2
				2		4		8
		5	8					
4				1	5	2		3
3		1			2		5	

		9	8			4		
				6	2		5	8
	5		4				1	
	8	3						4
5		7		4		2		9
4						5	8	
	7				3		4	
1	3		6	8				
		6			5	3		

		6		3				
3	2		8					9
	9			7		1		
7		3	9		4	5	1	
				5				
	4	9	3		6	2		7
		7		9			3	
2					7		4	1
				8		6		

	5		7			6		
			6	4		9		
3					9		8	
	6		1			5		3
	1		4		6		9	
2		5			7		6	
	8		9					7
		2		6	8			
		1			4		5	

SUDOKU

4		2						5
		3			4	6	2	8
					2	7		9
	6	7			3	4		
				7				
		1	8			2	7	
1		4	9					
9	8	6	1			3		
3						9		4

		9			2	4	1	
		2		3				5
	7	4		8	9			2
		7						
9	3						8	4
						7		
6			7	1		2	3	
4				2		5		
	2	8	6			1		

6		5		7	2			9
	2	1	9					
	9			1	5			8
	3			5				
		8				6		
				3			9	
2			7	9			1	
					1	3	6	
3			4	6		9		5

					8	1		
					3		8	6
	1		5			4	9	2
		9	3		4		5	
		7				8		
	4		8		7	2		
7	5	8			9		1	
3	2		6					
		4	7					

SUDOKU

	5				8			
	1			2			4	5
	8		4	9	5			
		5	9					8
	2	6		8		7	3	
7					4	1		
			8	4	3		7	
2	7			5			8	
			6				1	

1		6			5	2		7
4	8			6			1	3
					4	8		
8			1			5		
		7			9			4
		1	5					
2	5			4			3	9
3		9	2			7		5

SUDOKU

1					6	5		
		2	1					
6	4		2		5	3	8	
					1			8
8		1				2		3
7			5					
	2	6	7		9		3	4
					3	7		
		9	8					2

	8		2					
	6		3	8	5			7
	3	2		9				
7			1			5	3	
8								2
	5	1			8			4
				5		6	7	
6			8	1	2		5	
					9		2	

	3				4		2	
1				7		9	4	
9	4				2			7
	9				1			4
		1		3		6		
6			5				7	
4			1				6	3
	8	5		2				9
	1		3				5	

			1				3	7
		8		3		4		9
7	3	1				6		
3				9	5			
1								8
			8	4				5
		4				8	2	3
8		3		2		1		
6	1				9			

SUDOKU

8					9	7		6
2	7	4						
		6	1		7		3	
7		8						5
		5		9		1		
6						3		7
	6		8		2	4		
						6	5	8
3		7	4					1

			8			4		9
		2	5					3
			9	3		1		2
	6						7	
7	4		2		8		9	1
	5						4	
3		8		7	5			
1					2	5		
5		6			9			

						7		
		4	3				6	
1	6	3	8			9	4	
8		9		1			3	6
				8				
2	7			5		1		9
	1	2			6	4	9	8
	5				8	3		
		8						

	4	2						
9		6	4	5				
8		5			7		2	
			2		5	4	3	
	6						8	
	2	3	9		4			
	7		5			3		6
				4	1	5		2
						8	9	

SUDOKU

4	7			5		1		
					6			5
				4	9	2	7	8
8	6					9		
			9	1	3			
		3					5	1
5	8	9	7	3				
1			6					
		7		9			1	3

		4		8	5		1	
8	6			1	9		4	
				2	7		3	
6					1			
		9		4		6		
			8					7
	7		1	9				
	8		5	3			7	4
	3		7	6		2		

			3					9
6		9				4		1
2	5				9		6	7
	6			9				2
		5		2		6		
8				1			9	
9	7		4				2	5
5		4				7		8
1					2			

		6	1	7				
	8	4	6					
3		7	2				9	
		3			7		5	
	2		4		6		7	
	6		5			3		
	7				2	5		1
					5	9	2	
				6	1	8		

SUDOKU

				4			1	
6		1	5			7		
	9		7	3		6	8	2
		8						3
	3						7	
7						1		
2	1	5		8	6		4	
		7			3	5		9
	4			7				

2		1	6		7	3		
						1		8
		6		5				4
					5		8	3
7			1	9	3			2
3	5		2					
8				6		2		
5		3						
		2	9		8	5		7

		6			5	2		
	9		6			8	4	
	1				4			
	5						1	9
	4	8	1	6	9	7	2	
9	6						8	
			7				6	
	2	9			8		5	
		5	9			1		

		9		2				3
					7	6		8
	3	5	6	1				2
		6				3		
		3	2		6	4		
		1				5		
2				9	3	8	1	
3		4	8					
9				4		2		

SUDOKU

		5	3			9		
			7			5	6	
				8			4	2
7				3			5	1
	4	6				7	9	
5	2			9				6
1	9			2				
	7	8			5			
		4			3	8		

					7		9	
6	3			4		1	2	
	4	8			2	5		
	6		9			2		
7				2				6
		3			1		5	
		4	2			6	1	
	1	6		9			8	5
	8		7					

			1		3			
	6	3	8		5	1		
	7		2				3	8
				2				6
	3		4		7		2	
4				1				
5	8				1		6	
		4	5		9	2	7	
			6		2			

8	4					3	9	
		6	7	3		2	4	
				1				8
				7				2
7	8						3	6
3				6				
9				4				
	6	3		8	9	4		
	5	8					6	9

SUDOKU

							9	
9		1	2		3			
5		4		8		2	7	
				7	9			1
	2	7		1		3	5	
1			5	4				
	4	5		2		9		6
			7		5	8		2
	3							

5			3		7	4	1	
		1						
9				6		8		
	8			4	6	7		3
1								5
3		7	9	5			8	
		2		3				8
						6		
	9	8	7		5			4

					4		1	
	4			1		6		
		7	2			4		3
	2		6					8
9	3	5				7	6	1
6					9		4	
4		6			2	8		
		2		6			9	
	7		3					

7			4		2			
	9	8		3				2
		2		1				8
1		3	9				6	
		9				7		
	6				5	9		3
9				6		2		
2				9		8	1	
			2		4			7

SUDOKU

2	3				7			4
6				9	4			5
		5				1		7
		9			1			3
			5		3			
5			2			4		
4		6				5		
3			7	2				1
7			9				6	8

		7		6			3	
3		9	4		8			
	6							2
		2		4		7	6	
8			5		3			1
	4	3		1		8		
4							9	
			9		1	2		7
	7			3		5		

	2			8	4		3	6
8		6				9		
				9	2			1
2		8					1	9
				5				
7	1					4		8
3			1	4				
		1				2		3
9	4		2	3			8	

			5					8
			8	4	1	7		2
7		4			6			
	1			5	7			
3	4			6			5	7
			3	2			8	
			6			3		5
6		3	7	8	5			
2					9			

SUDOKU

6	9			8		3		
	5	8	9			6		
1			3					
	3		2	1			7	
			4		5			
	2			7	3		1	
					4			2
		5			8	7	9	
		9		2			6	3

5							2	7
9					4		8	
		6		1	2			4
				5	8	4	6	
			4		6			
	6	9	7	3				
3			6	4		8		
	8		1					6
6	9							5

	6				7	3	9	
5	4							
	7	3		6				8
2		9	7	8				
	3						4	
				3	1	8		9
4				7		5	1	
							8	4
	2	7	5				3	

	4	1	7			6		
	6		8			9	7	
			9					1
5			1				8	6
			3	6	8			
6	3				2			4
8					5			
	7	3			9		2	
		2			7	8	6	

SUDIOKU

1	7	2		3				
					6		3	1
	6							2
	8	1			4		9	
7			6		8			4
	4		9			8	2	
5							6	
8	3		1					
				4		7	1	8

		4		2				
7		8		6	5			
6	3	9			7			
		3			8			1
8	1						5	4
9			2			3		
			4			1	8	5
			5	3		6		7
				8		9		

		8	2					
4	7		8	3	5			
	6	2	4					
		5	3			8	6	1
				1				
3	9	1			6	7		
					2	1	7	
			6	5	3		8	9
					8	2		

		4	7		9		6	
5		2	1	3				
						7		5
	6		4	8				
4		1				2		8
				9	5		4	
3		7						
				1	3	8		7
	2		5		4	6		

SUDOKU

6	1							8
			6			7	4	
		7					1	6
4	6			7	8			3
			3	4	9			
3			1	6			8	4
5	4					3		
	8	1			2			
9							2	5

					6	7		2
7	8		1	3			9	
2					5			
	2		4			8		
8	4			1			7	6
		7			8		4	
			3					9
	6			7	9		1	4
4		8	5					

	8			5				
	1		7		3			4
4	7					8		6
			5			7		8
	6	3				9	2	
5		7			8			
1		6					4	7
9			3		1		8	
				6			5	

		3		6			9	2
8				3				
		5	4			8	3	
	4				6		1	
6		1				7		9
	5		2				4	
	8	6			3	4		
				8				1
5	7			2		3		

SUDOKU

	2		5	7	6		4	3
					8	9		
			1		3	7		
1						8		
	6	9		8		4	3	
		4						9
		6	7		2			
		3	8					
2	9		6	4	5		8	

	7	2		3				
			2			9		1
3	6					4		2
		1	7			3	9	
			6		8			
	4	5			3	8		
5		4					6	3
8		7			2			
				4		7	1	

SUDOKU

	2			3		5	4	
					8			
9	4		6	2	7	1		
4		2	7					
	8			5			6	
					6	2		1
		1	3	9	2		8	5
			8					
	3	8		7			9	

7	8					4	5	9
		5				6		7
			6			8		3
9					5			
		2	7	9	6	1		
			1					4
4		9			2			
5		8				9		
2	3	7					8	1

6		1	8	7				
	3			9				
2			4				1	5
		2			8	4		
	8		3		7		2	
		7	9			1		
5	1				4			7
				5			4	
				8	3	2		6

		1	5			4	6	8
				8	3			
	2		7	4			3	
5							1	4
			9		4			
1	4							9
	9			7	6		2	
			3	5				
7	3	2			8	5		

SUDIOKU

5	9		4			8	1	
3								5
		6	5	9		7		
	1		6	2				
	2						7	
				7	4		5	
		9		5	6	4		
4								2
	5	2			8		9	3

			9			1	2	8
	9				4			
		3		1	6	4		
	5	8			1	6	7	
	3	7	4			5	1	
		2	6	9		3		
			1				8	
5	1	9			3			

	1		2				9	
		8	7					
3	9				8			
9		1		2			6	7
		7	1	9	6	3		
2	8			4		1		9
			9				7	1
					1	2		
	5				2		8	

			5	3			8	
		2	6					5
8				4	1	7		6
2					7	3		8
7		5	2					4
5		9	3	2				1
3					4	6		
	4			1	5			

SUDOKU

2			3		4			
3	8		5					1
9				2				
8		4	1				9	5
		9				1		
5	7				3	4		8
				3				7
1					2		3	4
			4		8			9

	4				5			7
6	7		3			9		
		9	2				3	
				6		2	7	9
		2		3		5		
4	6	5		9				
	2				7	8		
		4			3		2	5
5			8				6	

				2		6		
2			8		1	9		
3		7	9	5				1
			1		4			
	1		3		8		9	
			5		2			
8				1	5	4		7
		3	6		9			5
		2		3				

	3	1		4				
			1			4		
2	6			3	8		1	
	4							2
3	1	5				6	9	8
8							4	
	7		4	5			2	9
		8			7			
				8		3	6	

SUDIOKU

	2	4			5	9	3	
			4		2		7	
				8		2		
	8			5		6		7
	7			6			8	
4		9		2			5	
		3		1				
	4		5		8			
	9	6	7			8	1	

5	8	7						
					8		3	6
				7	4	5	2	
				9		3		2
2		6				9		5
1		3		8				
	4	1	8	6				
9	2		5					
						8	4	1

	4	8			1	2		
			9				6	
9		2				1		
		5	8		6		3	
2		7				8		6
	8		7		4	5		
		6				3		2
	7				3			
		1	5			4	7	

6				8	1	4	3	
	5		2					6
4		2						
9		8		5	4			
	2			1			4	
			9	2		7		5
						6		9
7					2		1	
	9	1	4	6				8

SUDOKU

9					3			
	3		7	5	8			
7		8					5	
	2	5		7				
3	9	7				8	1	2
				2		3	7	
	8					4		6
			6	8	5		9	
			1					8

			3			2	5	9
2	5		4					1
		9	7				6	
1			8					5
			6	4	7			
6					1			7
	9				4	1		
5					2		8	4
8	4	2			3			

9		6			2		4	
	7	2			8			6
4				3		2		8
	9				4		2	
				6				
	1		9				3	
7		9		4				2
8			3			7	1	
	6		2			3		5

9			3			8		5
4				8		6	3	
5							2	
	9					4	6	
3			4		6			8
	4	8					5	
	2							6
	3	6		9				1
1		9			8			4

SUDIOKU

4		1					5	
	5		8					
9	6			4		3		
	3		6	2		9		7
		4				5		
6		7		9	5		4	
		3		7			1	6
					3		9	
	4					7		5

		9			3	2		1
			1			6	7	
1				4				3
			4		7		5	9
9				3				7
7	5		9		8			
2				7				5
	4	1			5			
5		7	6			1		

			7				2	4
	8	9		1	6		7	
		7		3		6		9
	6				8	4		
				4				
		2	6				5	
2		4		6		1		
	9		3	8		2	4	
8	3				1			

	5	9	4		6	2		
6			7			9		
			2		5			6
	1						3	4
2								8
4	3						2	
7			9		3			
		4		7				9
		6	5		4	7	8	

SUDOKU

1	7		8	6				
			1		5			
9	8	6						4
					6	9	2	1
			9		8			
5	6	9	2					
7						2	5	3
			5		2			
				3	9		7	8

5	2			7	1		6	
		9		4				
4			6					
				8	7	4	5	
7			9		6			2
	9	5	2	3				
					3			1
				1		6		
	3		8	6			7	5

				3			2	
	9	7	6		5		1	4
2		8			1	6		
	6				9			2
				1				
9			5				4	
		6	1			4		5
1	8		2		3	7	9	
	3			6				

		8		1	9		2	
	2				7			1
4			5			7		
		3		5		6		
	8		2		3		7	
		4		8		2		
		6			5			7
5			1				9	
	1		6	9		3		

SUDIOKU

9	4		3					
3	7			6	2			
2			5					
4	9	6				3		
1	5			4			8	2
		2				4	5	6
					6			3
			9	2			4	5
					3		2	9

7				4				
6			5		9	2	4	
			1			6	5	7
		9		5		3		
			4		3			
		8		9		1		
9	2	6			7			
	3	4	2		5			9
				6				2

			8	2			9	
				6		3		
5				3	4	8	6	
	9					7	1	6
	6						8	
8	5	7					2	
	1	6	2	8				5
		8		4				
	2			9	7			

			1				4	
		7			6			1
1				8		3	6	9
		9	6			8	7	4
4	3	8			9	1		
2	1	4		5				7
8			9			4		
	7				4			

SUDOKU

1	5		4					
9						3		2
	3	4		9		1		
	4	5		2	1			
			9	5	7			
			6	4		5	7	
		8		6		2	3	
3		7						5
					4		6	8

				2		9		4
	7	6				1		
1			6				3	7
	5	2	9					1
	4						9	
8					6	2	7	
5	6				3			9
		7				5	2	
2		3		1				

				1	2	7	4	
	6			5				3
		9	3				2	
	5			4		8	3	
			5		7			
	1	7		2			9	
	7				1	2		
9				3			5	
	8	4	2	9				

	4							
9		1				7	2	3
		7		1	6		4	
	3			8	7	2		1
				9				
2		8	3	5			6	
	1		9	7		8		
7	9	4				6		5
							9	

SUDIOKU

9			7	5			2	
			8			6		4
		5						
			6		7	3		8
	2	3	5		9	7	6	
8		6	4		1			
						8		
1		9			8			
	4			6	3			2

9							6	
		6	2	9				4
3	7		1	4				
			7			8		
6		5	4		3	9		2
		7			5			
				8	2		5	1
8				3	1	4		
	5							6

		4				3		
	8				2			9
7	2		9	5			6	
		8	7	9				
2			4		6			3
				3	1	9		
	3			6	9		1	8
1			8				3	
		6				2		

	6		3		5	9		
	1	9				4		
3	7			9	1			
		3	5			2		
1								4
		2			3	1		
			7	6			8	2
		6				5	7	
		7	2		8		4	

SUDOKU

6	2		7				3	9
		9		3		1		5
	3		8		9			
2								
9			4		8			6
								1
			1		3		5	
7		8		2		6		
5	1				7		9	4

		4					8	
5			3					2
3	6	8		1	2			
4	1			7				
	8		2	5	1		6	
				4			3	7
			4	6		9	1	3
6					9			8
	4					2		

			3			7		
	7	6		1	5			4
		3	7			5		
8	5			2				
	6		8		3		7	
				9			5	8
		5			1	3		
4			5	8		6	2	
		9			4			

	1					7		9
3		7						
	6		3				8	
5		2	4		6			8
4		1		7		9		5
8			5		9	4		3
	4				5		1	
						2		4
6		5					9	

SUDOKU

	4	1						3
	6		3		7			5
5				9		1		
9				8	2		1	
	7						6	
	1		6	4				2
		2		3				7
1			5		4		3	
4						2	8	

		1						
5	3		6				8	
7			3	9			1	6
2					8	6	4	
		3		2		7		
	7	8	4					2
8	1			3	5			4
	9				1		3	5
						8		

						7		
	8	5	4	7	3	2		
2					6		9	3
	5				7	8		
			9		8			
		8	1				6	
1	4		2					8
		6	7	3	4	9	5	
		9						

				4	8	6		1
	2	5				8	4	
		4			1			7
3			2					8
	5						7	
2					3			6
8			3			1		
	4	7				3	8	
9		1	4	8				

SUDOKU

		2						7
3			2		8		6	
6	8				5	4	3	
	6							4
8			5	2	6			1
7							9	
	2	6	3				4	9
	3		9		1			8
4						7		

		4	8		1	7		
3		1						6
	8		3		4	1		
		7			6	2		
1								5
		2	5			4		
		8	6		2		1	
7						5		9
		5	9		7	6		

		8			5			4
1		3		2			9	
6		2	9	4				
2	3		5					
		4		3		9		
					4		5	3
				7	8	3		9
	9			5		6		8
3			1			4		

	4		2			3		
	9	3	4					
2			1				4	5
					5	6		2
		2	8		1	4		
8		5	6					
6	2				3			4
					8	2	7	
		1			2		3	

SUDOKU

	9				3			
		4	8		2	7		
7	2			4			6	
2				5	8	3		
	8						7	
		1	9	3				6
	6			8			3	7
		7	3		5	4		
			7				1	

3	1		7		2	8		
	8					6		1
4		5				2		
		8			3		5	
			2		5			
	2		9			1		
		1				5		6
6		7					1	
		3	5		6		2	4

				1				
	1		7		8	2		
8			6				5	4
7		4	5		1			
	2	6		7		4	9	
			9		6	5		7
3	6				7			9
		8	1		4		3	
				8				

	6			9	3			
4				8			3	9
9			4					
	8	5	1					6
	2	4				3	7	
6					8	5	4	
					9			7
7	1			5				2
			7	2			9	

SUDOKU

	9				6	8		
		4		5	3			
	3	6			9			
	2			8	7		9	3
	4						1	
7	8		1	9			5	
			4			9	7	
			3	7		1		
		8	9				2	

				4	6			
8	4	9	1	5				
		6	8				7	9
9		8						
	2		3		4		5	
						8		3
2	9				8	6		
				9	2	1	3	7
			4	6				

	3		7		1		9	
9				2				1
						4		
			4			1	7	5
1		7	2		5	8		9
4	8	5			9			
		9						
6				5				7
	2		9		4		3	

7				6				
	3	8			5		2	
		5		3		6		
9			5		6		8	
3			9		4			7
	7		3		2			1
		4		5		3		
	5		8			4	9	
				4				2

SUDIOKU

3	9		7					1
		6		4				
2			3		8			
6				1	4		7	
	7	4				3	2	
	2		9	7				6
			4		2			8
				5		2		
4					9		6	3

				5			6	
	5	2	8					
7		3				5	8	9
			3			9		5
5			1	7	4			6
6		4			2			
4	8	6				1		2
					9	8	3	
	1			2				

1	2					3	7	
5		4			7	6		
					5			1
	4		9			1	3	6
				6				
6	5	1			3		9	
7			4					
		5	3			2		8
	8	3					1	4

1				2			5	
	7		9			1		4
	6	5						
2		1	6		8			5
			5		3			
3			1		2	8		6
						4	8	
7		8			6		2	
	2			8				3

SUDOKU

5					7		1	9
8		9	3		5		4	
2						5		
					9	3		
	9		1	2	4		7	
		1	8					
		7						2
	8		7		6	4		5
6	4		5					8

			9					
				3		6		
6	7	2	5					1
5	2	1	7					
3	9		2		4		1	7
					9	5	2	3
9					1	4	5	8
		3		7				
					6			

SUDOKU

				8	7	1	3	6
	3		2		5			
	6		9					5
	7						5	8
		8		5		7		
5	9						6	
3					4		8	
			5		6		7	
7	4	5	8	3				

7			5					2
	5		3	4			8	
	1			7		3	9	
		2				5	7	
6								1
	7	5				9		
	6	8		2			3	
	3			6	5		1	
9					8			6

8				1		7		
9		6	5				1	
2	1		9					
6	4						3	2
		9				6		
5	3						7	8
					3		6	1
	2				9	8		7
		7		2				5

4		9	7					
3	2		1				7	4
		8	2			5		
			4		7	3		
	1						6	
		3	9		8			
		6			1	9		
8	4				5		2	6
					4	1		8

SUDOKU

	5	4			8			
3	6		7	2				
8				9		5		6
6		3						
5	2						6	9
						3		4
9		7		5				3
				8	3		9	5
			9			1	2	

	6	8	9					
	1	5			8			
7	2				5			6
				2		5	3	
2			5		1			4
	5	9		3				
6			1				7	5
			2			8	4	
					7	6	1	

3					1	8	7	
				2		5	3	
				9	7		2	6
	7				6		5	
8								3
	9		4				6	
5	8		9	4				
	3	1		7				
	4	6	1					5

					7	3		9
6				2	8			
			5			2		
		6	3		2	7	1	
3		1				9		8
	8	5	1		9	6		
		3			6			
			9	3				7
4		7	2					

SUDOKU

8	1	3				2		
			2		6			3
	5					1		7
9			5			7	1	
			8		7			
	6	8			2			4
5		2					3	
3			6		9			
		7				4	9	2

				3	5			9
3	8		6	4	7	1		
			9			4		
2	4	8						
	1						7	
						6	2	8
		4			8			
		2	4	7	1		9	6
1			2	6				

8	2		5					9
			1		6		2	
				2	9	3		7
2	3		7					
	6			1			4	
					4		5	6
1		8	4	9				
	9		3		2			
3					1		7	5

6			4					1
3			9	2			7	4
		8		3				
		6	2			3	9	5
				8				
5	4	2			9	1		
				9		5		
2	5			4	6			9
8					2			3

SUDOKU

					1		3	
2		7	3					
	3		5		9			
	9	8		6		4	1	5
7								2
5	1	2		8		7	6	
			4		8		2	
					5	9		8
	5		6					

	2		3			1		6
	4							2
7			4		2			3
		2	9	3				
	1	6		8		2	3	
				1	7	9		
1			8		3			5
2							1	
6		5			9		8	

4								
	5	1		6			9	
9			3	1	4			5
		7	1	9			3	
	4			8			7	
	8			7	3	5		
6			8	3	5			9
	2			4		6	5	
								3

1		4						
3	5			4		1		
		7		1	8			2
	6				3	4	2	1
				6				
2	7	3	1				5	
8			6	7		2		
		1		2			7	6
						5		3

SUDOKU

			4			6	2	9
			6	8	3	7		
					9		3	
7		5			2		4	
		2		1		9		
	9		5			8		2
	4		2					
		1	9	4	6			
3	6	8			5			

9		6		3				1
5			1		9		7	
							9	6
2					6	4		9
		3		1		2		
4		8	9					5
3	4							
	2		7		1			3
1				8		9		2

7						4	2	9
				4	1	7		
		5	6					
1	8		9		6			
9	5			1			3	6
			8		5		4	1
					3	1		
		1	7	6				
5	3	2						7

	2			3	5	9		
	3				6			8
		5					3	
	6			8	9			3
		1	7		3	2		
4			1	6			9	
	7					3		
1			3				2	
		8	5	2			1	

SUDOKU

	4			5		1		
	3					8	6	
2	7		1			9		
					8		7	9
		7	4		1	6		
6	2		9					
		4			7		9	6
	9	5					3	
		2		4			5	

3			9			5		1
		7		1			8	
	9				8		7	
6		5	7	4				
9								4
				3	6	8		5
	7		3				1	
	2			7		9		
8		3			4			7

3	5			1				
	6	9			4			
7					6		8	
9	8			3				1
		4	8	6	9	2		
6				7			4	9
	3		5					8
			6			3	1	
				4			6	2

9		1		7	2	5		
8	2							
			6		1		3	
			7			3		
6	7	3				9	8	2
		9			8			
	9		1		4			
							2	1
		5	3	8		7		9

SUDOKU

	3				1	8		9
		5						
6		4	7		3			
	8	3	6				9	
4	2						3	5
	7				4	2	1	
			3		5	1		2
						4		
2		7	1				8	

			5				1	
		5		4	1	8		3
1		2				9	5	
8					3			
	1	9		8		3	6	
			9					8
	7	8				5		9
9		1	3	7		6		
	4				9			

				6		8	3	2
			2			9		4
	9				4		6	
	3	2			8		5	
	5			4			9	
	6		3			1	2	
	8		5				4	
5		7			6			
6	4	3		2				

		6			7		5	
	1	5						7
3			5		9	8		
7							1	6
		1	3		6	2		
8	6							5
		3	8		1			9
1						4	8	
	5		9			6		

SUDOKU

		4			3			1
				2				9
	8	3		9	4		2	
1							7	
9		8	2	4	7	6		5
	4							8
	7		9	6		5	3	
3				5				
8			7			9		

				2		7		5
		8	3		9			
	6	9			7		1	
		5	6			1	7	
	3						8	
	1	4			3	5		
	9		7			8	2	
			9		8	6		
5		1		6				

	7	3			2	4		
	2				6			
	5		4	3				6
				4	5	2	9	
4								5
	9	1	6	2				
2				8	4		3	
			2				7	
		9	7			6	8	

						9		2
			7	2	5			
8		2	1					6
	4		8		9	2	5	
	2						6	
	9	8	5		2		1	
9					1	6		3
			4	8	3			
4		5						

SUDIOKU

6	4						9	
				2	1		4	
		3	7	9		2	6	
	8	4			2			
9								3
			1			6	2	
	6	9		4	3	5		
	3		9	7				
	5						3	2

	2					8		5
			2	3			1	
	7	6			1	3	2	
		4	7					
	1	7		2		6	4	
					4	1		
	3	2	6			4	8	
	4			7	8			
5		1					9	

	8			4	7			
			1			6	8	4
4					3	2		5
9			3	2		8		
		4		9	6			7
5		3	4					2
7	6	2			1			
			5	7			9	

					7			
2		9	6	1				3
7							5	6
5		8		2			1	
	1	7				5	2	
	3			7		9		8
8	7							2
3				4	9	6		1
			1					

SUDOKU

6	2							
8	1				7	3		
				8		7		6
		2		5	3	6		9
			2		4			
4		6	7	9		2		
9		4		1				
		8	4				9	2
							7	5

2		8	3	4			1	
5					2		6	
	7	4	6					5
					7		9	8
7	9		4					
4					9	3	8	
	2		1					9
	3			5	8	6		1

		1		4	3	9	6	
9							5	2
	4		5				1	
		8		9		2		
5								6
		4		7		5		
	2				1		3	
4	8							5
	3	7	9	5		6		

			8		6	7		
3	6	9	4	5		2	8	
							6	
		8			4		7	
	9						2	
	4		1			9		
	3							
	5	2		7	1	6	9	4
		4	6		9			

SUDOKU

						7	6	
			9	5	2	8		
	9				6	4	5	
	1			9		5		4
			4	1	7			
8		7		2			1	
	5	9	2				8	
		2	7	8	3			
	8	1						

	8			4	1	5		
3	4		5				8	
		6			8		1	
	9		7					5
7								8
1					5		4	
	5		1			7		
	2				4		3	1
		8	9	7			5	

	2		9		6			
		8			5	4	6	9
		6	1					3
3					1	7		8
				7				
8		7	4					6
6					4	3		
9	7	2	6			8		
			8		2		5	

7		4			9		5	
1							9	
		3	8	4			7	
	3	7	6					9
	1						4	
9					8	7	3	
	7			2	1	4		
	5							3
	6		5			1		7

SUDOKU

8	5	1			7	3		2
			5		2		4	
2		4		3				
5					4			
7								6
			2					5
				5		2		9
	7		8		6			
9		5	4			6	3	7

5						1	7	
				9	7	6		
1			5				8	3
9			7	2				
	7		6		4		3	
				8	3			1
6	8				9			7
		5	3	4				
	1	3						5

5				3		1	6	4
1							9	
					5			
2				1	7	4		
	7	1	3		4	9	5	
		5	2	6				8
			7					
	4							1
7	1	3		4				5

6	5						8	
					5			1
		1	6		3		9	5
		8		9	1		4	
			5		7			
	3		8	6		5		
4	2		7		8	1		
7			9					
	6						7	3

SUDOKU

7			3			9		4
	9			6			2	
			9		5			8
	7		1				4	
		8	7	5	6	3		
	1				3		6	
6			5		4			
	2			9			8	
1		7			8			6

			8	4				6
4					9	3		
	2						1	7
		2		1	5		4	
	4		9		2		5	
	7		4	6		2		
7	3						6	
		5	6					4
2				5	8			

SUDOKU

		3						7
4	9							
	1			3	2	8		9
	8			4	7		6	
	5	2		6		1	3	
	6		3	2			9	
2		1	7	8			5	
							7	6
6						4		

			7	2			4	9
			8					
	6				3	2	5	
	5	4		3				2
9			5		2			4
2				1		5	8	
	8	9	1				2	
					7			
5	4			6	9			

3						5		8
	2				8			
9		8	3	1				
7			5		6	9		
	3		8		2		4	
		2	1		3			5
				5	1	7		9
			2				5	
1		9						4

		4	8	5				
3	8			7				5
		5				3		
	3	9	2		6			
4	2						3	7
			4		7	6	9	
		3				1		
6				2			8	9
				1	9	4		

SUDOKU

			3		5	4		
5	1			8			3	
	6					7		8
			1			6	2	3
9								7
7	2	6			3			
2		7					1	
	4			7			6	5
		5	8		4			

				2	6			3
2					7			4
7		3		8			9	
	1			6			4	
9		8				6		5
	2			7			3	
	4			1		2		9
6			7					8
1			4	9				

4	2			5				3
				6	7		5	
8						2	1	
			7	4			3	
		4	3		8	7		
	8			2	5			
	4	2						9
	6		9	3				
3				8			2	1

		4						1
	5		1			7		4
8				2		3	5	
				4	5	1	2	
	3			8			4	
	2	5	6	7				
	7	8		9				3
1		3			7		9	
2						8		

SUDOKU

			3		8			
1								2
4	5			6		9		
8	2			1	6		9	
	7	5				1	6	
	9		8	7			5	4
		3		4			2	9
5								6
			9		5			

1	5		9			7		
8		7			5		3	
				8			5	
			2		1	5		3
			8		6			
2		9	3		7			
	4			2				
	2		6			8		9
		3			8		2	1

			7	2	8			
		9		3			4	
		2	9				7	8
	4	3	1					7
		5				2		
7					4	6	9	
2	5				9	8		
	9			7		4		
			2	1	5			

	3			4		5	2	
	2		6			9		
				9	2			4
9						1		7
		1	4		9	8		
5		2						3
8			5	2				
		3			1		4	
	5	4		7			8	

SUDOKU

9		4		2	6		1	
		2	9			4		
	5		7					2
	6			4			3	
2								6
	1			9			8	
7					2		4	
		1			3	8		
	3		4	1		7		5

		9			5	8		
1		2						3
	4	5	1		8			
5		6	8	4				1
2				3	7	9		6
			7		6	1	9	
8						6		5
		7	2			3		

2			9				1	4
5				4				2
	3			5	7	9		
	5				1	6		
	6						7	
		8	7				9	
		3	5	7			4	
8				3				7
7	2				9			6

		8						
	1		8	6		9	5	7
	2		5					
6		2	9			1		
	4	1				6	8	
		7			8	2		9
					6		2	
1	9	6		2	4		3	
						7		

SUDOKU

9		7			5			3
			3		9			
2	4					1		
4		5		8				7
	3		9		6		8	
8				3		2		9
		9					2	6
			6		3			
3			8			7		1

8								
6		2	7		9			
	4	7			3	6		5
			3			5	7	
	1		2		8		9	
	9	5			4			
5		3	9			2	6	
			5		6	4		8
								9

4					8		6	
8		1				3		
			3	1	4	2		
	6	7		9				
1		3				9		2
				7		5	1	
		4	8	3	5			
		8				6		1
	9		6					3

	7	5		3				
2		3	7		8			1
	9				2			
6	4		1	8				
9				7				2
				2	9		4	6
			4				1	
4			8		3	2		9
				6		7	3	

SUDOKU

6						5	1	
				1	4			7
	9		7		6		4	2
			8					4
	5	4				8	2	
9					7			
4	6		3		1		7	
3			4	7				
	7	8						1

8	2				5			4
3		9		7	8			
1							5	
	8	2	6				7	
5				2				6
	3				7	1	2	
	4							7
			7	4		5		9
7			2				4	1

5			9		2			
	6			5		9	1	
	4					5	2	8
		6	1	4				7
8				2	3	4		
3	7	5					8	
	2	1		3			5	
			2		5			1

	2		3			1		6
	4							2
7			4		2			3
		2	9	3				
	1	6		8		2	3	
				1	7	9		
1			8		3			5
2							1	
6		5			9		8	

SUDOKU

	9			5		3	4	
		1					2	
	3		6				1	
7			3					1
3	1	6				5	8	4
8					6			3
	5				1		3	
	6					9		
	8	4		6			5	

					2		4	
4			6			3	8	9
1		3			8			6
				9		8		
3			2	8	6			5
		6		7				
5			7			6		8
8	7	1			5			4
	2		8					

9		5				3		
2			5		3		6	
					7		4	
8		1		4	2			
3	9						2	8
			8	9		4		6
	8		4					
	2		1		9			4
		6				7		1

		5					6	
9			4			1		
		4		9		8		7
6				8			4	1
	4		3	5	2		9	
8	3			4				5
5		8		7		4		
		7			9			3
	9					7		

SUDOKU

7				4				
9		8					1	7
		4	7				2	
1	5				8			
	9	6	1		7	5	8	
			2				9	1
	7				3	2		
8	4					1		9
				9				4

			1	3		6		
		4		2	9		3	
3			6				4	
	9	8	3		7			
	3			1			9	
			9		8	7	1	
	8				3			7
	5		8	7		1		
		9		4	1			

1			6	7				
		8		1	9		4	
		9	5	2		8		
		5		3			8	4
9	1			4		5		
		7		8	6	9		
	2		1	9		7		
				5	7			6

		5						
	6			2		5	4	3
					5	7	9	8
		8	9		6			
1		7				8		6
			7		8	1		
9	8	6	3					
4	5	2		8			3	
						9		

SUDOKU

4		7	5	1				
					9		1	
		1	2		3			6
		4					8	5
	9		1	5	6		3	
2	5					1		
3			4		1	5		
	2		3					
				2	5	3		9

7						3	6	
				3	2	1		4
3		8			1			
		7	6			9	4	2
8	6	4			7	5		
			5			4		1
4		1	3	9				
	5	3						7

2			9			3	5	7
7		8		1		6		
	5							
6					2	4		
	1		3		5		7	
		2	1					5
							6	
		6		3		9		8
1	4	7			9			3

					4	6	1	8
			1		3	7		
	9						4	2
3				5			6	9
5								7
2	8			7				4
6	5						2	
		8	4		6			
9	7	3	5					

SUDOKU

8				2	7		3	
	4				9			
7	6				3			9
3			4	8			9	
		8				6		
	9			5	6			8
4			2				5	1
			7				6	
	5		1	9				7

	8		2					
3	4		8		9			
9		5		7	4			
		8			3		7	1
6				9				8
1	3		6			4		
			9	2		1		6
			1		5		8	3
					7		5	

2	8	3				9		
	1		2			3		
		7	9				8	
			7	2	6		1	
			5		3			
	3		8	4	9			
	7				8	2		
		5			7		6	
		9				8	3	7

7		3		6		2		9
8			4					6
			9		3		1	
4		7						
2		5		9		7		8
						5		3
	6		2		7			
3					9			7
5		9		8		4		1

SUDOKU

				6	2			3
4	6	2						
3	5	9				6		
				2		7	6	
		6	1		9	5		
	1	7		4				
		8				9	5	4
						8	1	2
5			9	1				

1	7			5		6		
								5
		4		1	6		9	
6	8			3	5			
		3	2	8	9	5		
			1	6			2	8
	6		7	4		1		
9								
		7		9			8	3

4			5				3	
	9			2		6	4	
2	7				3	8		5
								3
		9	4		2	7		
7								
8		7	3				5	6
	1	4		6			7	
	5				7			8

6			8	3				
4				2	1		3	
					4	6		1
	4		2				5	
2	6			9			1	7
	5				7		8	
9		4	5					
	8		1	6				5
				4	8			2

SUDOKU

4		8			1			
	5		6			2		
	1			9	2	3		
6			3					
	8	7	9		4	5	6	
					5			9
		9	4	5			8	
		1			9		5	
			1			7		2

			4	6	3			
		4			1	8	9	
	3		2		9		4	
5		6					2	8
				1				
8	9					4		7
	8		9		2		5	
	5	9	1			2		
			5	4	6			

				1	2			
	5				8	7		
2		4			3			9
5				6	1	9	4	
	7						6	
	4	6	9	3				5
9			3			1		6
		1	7				8	
			1	2				

		7	5				9	
5		2	6				1	
	8		2		3			
6			7					5
	9	8		5		4	3	
2					4			7
			4		1		2	
	2				7	6		1
	4				5	3		

SUDOKU

						6	7	
				9	1	5	2	
	6	9			8		1	
		4		3		1		
	1		4		7		9	
		2		8		4		
	9		7			8	5	
	5	3	8	1				
	2	1						

5		4	6	9	7			
		8						6
	6		3	5				
	1	3				2		
9	8						4	7
		5				6	1	
				2	1		9	
2						1		
			7	8	6	5		4

SUDIOKU

		9		3			8	
4				2	6			3
5	6	3						1
8	2		6				7	
	7				2		4	8
1						3	5	4
6			3	9				7
	3			8		9		

6		7					4	5
1	2							7
		8	7		3		2	
3				7			9	
			3		4			
	7			9				1
	4		1		2	5		
8							7	3
9	6					8		2

	9							
	5	1		2	3	9	7	
		4			6	1		
5	4				8		1	
		2		4		6		
	6		3				9	4
		8	1			2		
	2	5	6	8		7	4	
							5	

			4	2				3
3	6	4			7		2	
5			6					
6	7		2					1
9				1				2
8					3		5	6
					8			5
	1		7			9	3	8
7				9	2			

SUDOKU

			3	9	6	8		
		1			4	5	3	2
	3				5			
9						3		
1	6						2	9
		5						8
			9				4	
5	4	9	8			6		
		2	6	4	3			

		8	3					2
	4	2		7			1	
1			8		2			
	8				5	7		
2			7		4			6
		4	1				3	
			6		3			8
	6			2		1	5	
4					7	6		

2		7	9			8		6
	9		8	5		1		
			3	6			2	
	2					6		
	3						8	
		9					5	
	4			9	6			
		3		8	4		6	
6		8			5	7		4

		5		1			6	4
8			3					2
		9		8				
1			6	2	9	4		
		2				7		
		8	4	3	7			1
				4		5		
4					1			7
2	8			7		3		

SUDOKU

							5	9
				9	5	7		
				2		1	3	
8		6			1	2		4
		9	7		2	3		
7		2	8			9		6
	8	4		3				
		7	6	8				
2	9							

7			6	9			8	
8	2	5			4			
					3	4		
		7	1		2			6
		2				1		
6			4		7	3		
		8	2					
			3			9	1	4
	3			7	6			8

			2		1	8		
			8	7				
		5			3			2
4		3		2			9	1
	2	6				7	5	
9	1			4		2		3
3			6			1		
				9	2			
		2	4		7			

9	5		4			1	3	
			2	6				7
				1			2	
				9	1		5	
6	1						9	4
	9		7	4				
	2			7				
1				2	6			
	4	5			9		1	2

SUDOKU

								9
3	5	9	1					7
1					2	3		
9				4		8		1
		1	3		9	7		
2		3		7				5
		4	5					2
7					8	5	9	4
5								

					2	6		
3	8				5		1	
4			7	1			3	
	7					8		3
8		6		4		1		7
9		5					6	
	9			8	7			6
	5		9				7	8
		8	3					

		9					6	
		7	8	6				
5					7			
		3	7	8			4	5
7	1		4		5		3	8
8	5			9	6	1		
			5					6
				1	8	2		
	3					7		

				5				
	7	9		4	1	8		
3			9			5		4
	1				8		2	
		8	2	3	4	7		
	5		7				8	
8		5			9			1
		4	1	6		9	5	
				8				

SUDIOKU

			2		6			8
		4		5		9		1
							4	6
		1	4	3				7
	2		1		7		8	
4				6	2	3		
1	8							
9		5		1		8		
7			5		4			

				3	8		4	
	9	6		7		3		
4	8		1	5				
			7		5	6		
	3						2	
		7	3		1			
				8	7		3	6
		2		1		9	7	
	7		5	6				

	3	1			5		2	
6						1		
		7		2	3		8	
				9	1	5		
7	1						9	4
		5	6	7				
	8		9	4		2		
		9						8
	6		8			7	5	

		6	8		9			7
		2			7		6	
7	5	8	1					9
			7					5
		4		3		7		
8					5			
6					3	2	1	8
	8		9			6		
1			6		8	5		

SUDOKU

8			4		6		1	
		3		5	9			
			2			4		5
6		4	8			2		
	1						8	
		8			1	3		7
4		1			2			
			9	1		5		
	9		3		4			6

4		3		6	7	1		
			3		4			
	9	2						6
			5	8		3		4
	5			4			1	
8		6		7	3			
1						7	4	
			7		1			
		8	4	3		2		1

	2			7				
9	1		4				7	
		5	6		9			
3				5			2	
5		2	3	6	1	4		9
	6			2				3
			2		6	7		
	4				8		6	2
				4			1	

	7				8		6	
	5			7			8	1
8			9					3
	9			6	1			
		6	4	9	3	1		
			8	5			9	
9					2			5
6	8			3			7	
	3		7				1	

SUDOKU

5					2		4	
		7	9	3			6	
		3			7	1		
1			4				7	3
	2						1	
7	8				1			6
		1	2			9		
	7			5	9	6		
	5		1					2

	6	4		9				3
1		3			2			8
		7	1	6				
						4	3	
	3		7		9		1	
	1	2						
				8	5	6		
3			6			7		9
6				4		3	5	

		7		5	6	1		
				8	1			7
						5	9	6
5		1	7			2		
9								4
		2			5	9		1
4	3	5						
7			5	1				
		9	2	4		8		

	3	8			1	7		
	9			2			1	4
			7	8				
		1	2					5
7		2		5		9		8
8					6	1		
				1	2			
4	2			9			5	
		5	6			2	8	

SUDOKU

	5	3					1	
		6		8				
	7		3	6	9			
3	6		4			7		2
	4						5	
5		1			8		4	6
			6	2	4		3	
				5		4		
	3					1	6	

5			7			6		2
	4	2			9		1	
1			5				3	
			6	5			9	
			8		7			
	5			2	4			
	7				6			9
	8		9			4	2	
9		6			1			7

			3					2
		2	1				6	3
					9	5		1
		9	6	7		8		5
	6			9			2	
2		8		4	3	6		
5		6	4					
9	2				6	1		
3					5			

			7	6		8		2
	6					3	7	
		4			1			
9	4			7				3
	7	2				4	5	
5				3			1	7
			5			6		
	2	5					8	
4		7		2	8			

SUDOKU

3		2		6		8		7
5		6		2	8			
	7				3		9	
6		7						
	3						1	
						7		9
	8		6				4	
			2	8		1		3
1		9		3		2		8

7				6	8	9		
		8	9					
2				4		3		
9	2	3	4				5	
	8						4	
	4				3	1	2	9
		6		8				7
					4	8		
		2	7	9				4

			4	8	3			
	9					3	4	
			7	1		2	8	
9	5			3				
2		8				6		3
				7			5	4
	3	9		5	4			
	8	1					7	
			8	6	7			

			1	3		6		
		4		2	9		3	
3			6				4	
	9	8	3		7			
	3			1			9	
			9		8	7	1	
	8				3			7
	5		8	7		1		
		9		4	1			

SUDOKU

			4	2	7	8		
		8	3					
1	2		9				3	
	8	3		4				
9			1	3	8			5
				7		4	8	
	6				3		4	1
					4	5		
		4	7	5	2			

	2							1
9			1				2	7
4	1	3	6			5		
7		2						
5	4			9			7	3
						1		2
		6			3	7	1	9
3	8				1			6
1							8	

	3	4				8	6	
2		9			6		3	
			5	3			4	
							2	5
		5	6		9	4		
6	7							
	4			8	1			
	6		4			9		3
	5	2				7	8	

	4	8				3	1	2
7	1		4				5	
				3				
		4	6		8			
	2	5				8	6	
			5		4	1		
				7				
	7				3		9	5
3	5	9				4	8	

SUDIOKU

				5			4	
			4		9	1	3	
	4	3	6					2
				3			5	7
		6	5		2	8		
4	8			9				
1					7	5	6	
	5	9	1		8			
	3			6				

			4			5		9
				3	6		7	
	5	2		1		6		
1	7	3			8			5
8			1			9	2	3
		7		6		2	5	
	4		3	9				
6		1			4			

1							7	
2		4	5					
		7	6	8				5
9			1		5	4	2	
8								7
	4	5	2		8			3
4				5	1	7		
					2	6		9
	2							1

			7					
	9	4		6		5		1
		3	2	4				6
5	7	9			6			
2				7				3
			9			7	1	5
4				2	7	3		
8		5		9		1	6	
					8			

SUDOKU

	4						3	
	1			2	5	7		
		2		8	4	5		6
		3		6		9		
			8		3			
		8		4		6		
2		7	9	3		4		
		4	5	1			2	
	3						9	

			4			7	8	
				2		5	9	
5			8			4		1
8	2			4	3			
		6				2		
			9	5			4	8
1		8			7			4
	5	2		9				
	3	4			1			

1	8			7		2		
		7			4			8
9		5			3	6		4
		3					2	6
				8				
2	1					9		
3		2	7			1		9
5			4			8		
		8		3			6	5

		3		9				5
			2		3			1
2		9	4			6		
5	6				7		3	8
3	2		6				5	9
		5			8	3		4
1			3		9			
8				6		9		

SUDIOKU

	1	9						
	7		3	4		2		
			8	5	9		7	
4		1			7		2	
7								5
	8		1			7		6
	4		7	3	8			
		8		1	2		6	
						9	3	

			3	8	5	1	6	
					6		7	
		4		1			3	
		8	7			2		3
2				5				9
3		5			1	6		
	8			7		3		
	3		6					
	7	1	5	3	8			

SUDOKU

				9	5			4
4	5		2		7			1
	7			6		2		
1							4	
5			4		6			9
	8							6
		8		4			9	
3			6		8		2	7
7			9	3				

2		9		5		3		7
3				6		5		
5	6		9				2	
9						6		
			4		5			
		4						2
	9				3		8	6
		5		1				3
6		8		4		7		1

4		6					7	
	1						6	3
		7		4	6			9
			1	2			9	4
	4			6			3	
1	2			7	4			
6			5	3		8		
2	7						5	
	8					9		2

			8		1	5		
	4		7	9		1	2	
				3			9	
	7				8		4	
2			3		7			8
	8		5				6	
	6			7				
	3	9		5	2		7	
		1	4		9			

SUDOKU

9		1				5		
3		5			1			6
7			5	4				
2				1			6	
1	6						5	3
	9			6				2
				9	3			1
4			2			9		5
		9				8		7

			1			3	7	
		7	3	8				
6		1		2		4	5	
		3					8	
9			2		3			4
	5					9		
	2	6		7		8		9
				6	1	5		
	1	5			2			

8			4					2
4			1	5	8			
9						7		
	1		8					9
5	8		7		2		6	1
3					5		2	
		6						5
			9	8	3			7
7					1			3

6	2				3			4
		3	9	5		6		1
					2			
		5		3			4	
9		2				8		5
	6			9		1		
			5					
8		6		2	7	5		
2			1				6	3

SUDOKU

	2	6		7				3
	7		3				8	
			2	9		5		
	3		9				2	
4	5			2			6	8
	1				6		5	
		2		4	7			
	6				9		3	
7				3		6	4	

5		9				7	3	
	7						2	
			9			5		6
			4	3		2		
	2	6	1		7	4	8	
		7		6	2			
1		3			9			
	4						7	
	6	2				1		3

							9	4
6		3	4					
	4		9	8	6			2
4	1				7			5
	2			4			6	
5			3				7	1
8			6	9	1		4	
					4	5		8
1	3							

5						9	7	
	2		9					5
4	9	3	5				1	
	1			3	9		5	
	7		6	5			9	
	8				7	5	2	3
3					1		6	
	4	6						9

SUDIOKU

7			5	6	2			
							2	5
	3	2				4	7	
	4			7	9			
	9		6		3		8	
			4	2			6	
	7	5				6	3	
4	1							
			8	9	5			1

					1		5	3
1	4							6
	3		8			7		
5	7			4	8	3	6	
				6				
	6	1	2	5			8	4
		6			3		2	
9							7	8
4	1		7					

		4		9	2			7
9				3		5		8
		2	5					
		9			5		7	1
		3				4		
7	6		1			2		
					3	9		
1		6		4				3
5			6	1		8		

	4			2	3	1		8
8				9				7
9					8	6		
	5	7						
2	8						5	6
						7	1	
		5	9					4
4				6				1
1		9	2	4			6	

SUDOKU

6			3			5		7
				6		1		4
		2			1		9	
5	9				2			
1			8		6			3
			7				4	9
	1		6			3		
7		3		2				
2		8			3			6

5					2			
	6	2					1	3
	4			7		5		8
					9		3	7
	9		5		7		6	
8	1		6					
3		5		6			8	
9	2					6	5	
			2					1

	6			9			5	
7		9			5	8		
	5					4		2
	8			6	7			
		5	1		8	7		
			5	2			4	
8		4					3	
		3	9			2		5
	2			3			8	

7			1			3		2
2	5	3			9	1		
	1						5	
					5		7	
	6	1				2	3	
	7		4					
	2						1	
		5	6			4	8	9
9		8			1			7

SUDIOKU

			3			8		
	4	7	8	1			2	
6		8			9	1		
					4		1	8
		4				7		
8	9		6					
		5	4			2		6
	8			5	7	3	4	
		9			8			

				1		4	7	
	1		7				9	
4			8	3				2
				8			6	
1	6	2				8	5	9
	3			5				
6				7	2			5
	2				8		3	
	7	1		6				

1	8						5	
		5	2		9			
	9				1			
5				6	3		9	4
	4	1				6	2	
9	7		4	8				1
			7				1	
			9		6	4		
	5						6	2

1		2			3			
	5	4		8				
3	8				5			
9			1	6			5	
8	6			2			3	1
	2			3	9			4
			3				9	8
				7		1	4	
			9			5		2

SUDOKU

						8		6
4		5	6	9			1	
		9			2	4		
5					3		8	
		7	8		9	6		
	9		2					3
		4	7			1		
	6			4	1	7		8
7		3						

				2	4		1	
	6		1					
8	9			6		3		
3	4			5		8		9
5				4				7
2		6		7			5	4
		4		3			2	1
					6		7	
	7		5	1				

5		1		3		8		9
	8							6
		9	7					
	5	7	6		1	2		
		8				4		
		2	5		3	9	6	
					7	6		
7							4	
2		6		9		7		5

1		7	8	6			2	
5				4			9	
		2	3			1		
	7			8				9
		8				6		
9				2			3	
		9			4	7		
	4			5				2
	2			3	6	8		4

SUDOKU

	4		9	3		1		
8						3	4	
		1			4	2		
6							3	9
	8	7				4	5	
4	1							8
		5	1			8		
	3	8						4
		4		8	3		6	

3	4	5					7	
		6					2	5
				5	3		6	
1	3		5	9				
	8			2			9	
				1	8		5	2
	6		1	8				
8	2					5		
	5					6	8	9

	7		5		6	9		1
			2	1		5		
					9	7		
		7		2			9	3
		3				8		
8	9			7		4		
		6	8					
		1		5	3			
5		9	1		2		4	

7			1					
2				4		8		1
	8		2			6		
	1	8		2				6
	3		6	5	4		8	
6				3		2	5	
		4			9		6	
3		6		7				8
					8			5

SUDOKU

4					7	1		
		7						8
6	1	8		5	2			
3					8		9	5
		2				7		
5	6		7					1
			2	1		8	3	6
8						5		
		3	5					2

			1		7		8	
		9		2	6			7
		8			5	6		
5		6				7	2	
8				5				9
	7	2				4		8
		4	5			2		
2			3	1		8		
	3		2		8			

	5	3		1				
					8	3		2
	7			9			1	
6					9	5		8
	4		7		2		6	
7		5	6					1
	2			3			8	
9		6	8					
				6		2	4	

	8							
		6	1	4	5			
				6	2		5	7
	2	7			8	4		5
6				9				1
8		1	2			6	7	
4	9		7	8				
			3	5	6	2		
							1	

SUDIOKU

		8	7	4	9	5	2	
9	6							
			3			7	1	
	2			3			5	
		5				9		
	8			1			7	
	5	6			1			
							6	8
	7	1	2	9	6	4		

4		8			7	2		6
		2		3	8			5
	5				1	8		
	9	4			5			
				7				
			1			3	4	
		9	8				2	
5			7	4		6		
8		6	2			4		1

7				4		1		
4		5	8		2	3	6	
			7		6		2	
						5	9	
8				9				3
	4	1						
	2		6		5			
	7	9	1		8	4		6
		8		3				5

			7				3	1
	8		4			7	6	
6		7		3	2			
5	4	1				8		
				5				
		6				5	7	9
			9	2		1		6
	1	5			8		4	
7	6				1			

SUDOKU

4			8		3	5		
	8			6		3	4	
3		6						
			6	7			5	
	1	9				6	8	
	2			8	4			
						7		1
	7	1		9			3	
		8	7		2			9

		7						8
3							5	
	9		6	1	2			
	4			5		7		
7	5	3	4		8	6	2	1
		1		2			4	
			1	4	3		6	
	6							7
1						5		

7						5	9	
	4	6		3	9			
1					8	3	2	
5	2							
		8	7		1	4		
							1	8
	1	7	4					9
			9	8		1	7	
	3	9						5

		1	2	6		8		
	6	9		1	7			5
		3						
9		6		8			1	4
3	1			4		7		2
						5		
1			5	2		6	3	
		5		7	6	2		

SUDOKU

			3		6	5		
	4			2		6		1
			4			8	3	
4					3			6
	7		5		2		1	
2			6					8
	2	6			8			
3		4		7			6	
		7	1		4			

		2			5	3		
	5		7			2	1	
	6			2	1		5	
9	4	1						
			2	4	8			
						4	7	3
	2		9	5			3	
	7	6			2		8	
		9	8			7		

5					1	6	7	
			3				5	2
2	3			4				
			7	6		9		
	4		2	9	3		8	
		9		1	4			
				7			2	5
1	2				9			
	6	8	1					9

		1	5		4		2	7
5				1	7		8	
7								6
				7		6		3
	4			2			5	
6		8		5				
8								4
	9		8	6				5
3	2		7		9	8		

SUDOKU

		5	2		9			8
	4							
			5		1	6	2	3
				1			8	4
	3	1				9	6	
8	2			5				
9	5	6	1		4			
							5	
4			6		5	8		

6	2		4					
		4	5			3		
5			2	9			6	1
		5	1				7	
		6		8		9		
	9				7	1		
4	5			1	2			3
		3			6	2		
					4		5	9

SUDOKU

					9	4	7	
	2	8						6
		4	5	8	1	9		
			8	1		3		9
				7				
1		9		6	3			
		2	1	5	8	7		
8						6	3	
	4	1	3					

2	5		7		6	9		
	8		4		5			2
6				3				
5				7				3
	7						1	
3				1				9
				2				6
9			3		8		4	
		2	5		1		9	8

				8			5	
2	3	7			4			
	1				6	3		4
		3					1	8
9	5						3	7
6	2					4		
5		4	8				6	
			6			5	4	3
	9			5				

4		9			5			
	7	3				5		9
8					9			
	1		3	9	2			
	6		7		4		1	
			5	6	1		2	
			2					7
1		6				2	5	
			9			1		4

SUDOKU

		3						4
7			4		6		5	
8	2			7			3	
4		8		6			2	
			7		3			
	9			8		5		3
	4			2			6	7
	7		3		1			5
9						3		

	9	7		4			3	
8		4		5				
2			8	1				7
					7	4	9	
6								8
	8	3	1					
3				2	8			6
				7		1		4
	7			6		3	2	

			1	3				
	7		9	6			5	
5	9	6						1
			7			1		5
3	8						7	9
7		4			9			
8						2	4	3
	4			8	3		1	
				9	1			

6	5	1		4				
		3		8		5	9	
4	9				5		7	
					2		4	
		7				9		
	4		5					
	8		4				2	1
	1	4		6		7		
				7		4	6	8

SUDOKU

				6			3	9
1								
	9		2					7
4		6	3	5			7	1
	1		6		7		9	
9	7			1	8	5		6
7					4		1	
								3
5	3			8				

						2		9
		1		9	2	8		
9			3	8				
	6	4				5	8	
		3	8	4	5	6		
	2	5				4	9	
				3	7			8
		6	5	1		9		
4		7						

9	2		5			8		
5						6		4
		8					7	
1		6		3		2		8
			6		2			
4		2		5		1		6
	8					7		
6		1						5
		9			6		4	2

7				1		2	3	
3	2						9	
	1		3	7			6	
					5			9
9		1				4		8
2			9					
	3			9	4		5	
	9						8	3
	7	2		8				1

SUDOKU

					9	4	7	
	2	8						6
		4	5	8	1	9		
			8	1		3		9
				7				
1		9		6	3			
		2	1	5	8	7		
8						6	3	
	4	1	3					

2	5		7		6	9		
	8		4		5			2
6				3				
5				7				3
	7						1	
3				1				9
				2				6
9			3		8		4	
		2	5		1		9	8

				8			5	
2	3	7			4			
	1				6	3		4
		3					1	8
9	5						3	7
6	2					4		
5		4	8				6	
			6			5	4	3
	9			5				

4		9			5			
	7	3				5		9
8					9			
	1		3	9	2			
	6		7		4		1	
			5	6	1		2	
			2					7
1		6				2	5	
			9			1		4

SUDOKU

7					4		1	8
					3	7	9	5
		1		6			4	
3					1	8		
5				4				7
		6	3					4
	5			3		9		
1	2	8	4					
9	7		5					6

2							3	4
			8		6	5		
	6	4		5		8	1	
			2			7		
1	7						6	3
		3			1			
	1	8		6		2	9	
		7	9		5			
4	9							8

1					8	4		9
4			1		2		7	3
				4				
	1	7			3		6	
		6				8		
	4		7			9	3	
				1				
7	6		4		5			2
3		9	2					1

	9				6	1		8
2	5				1		4	
		4					9	
		1	7	9				3
	7			2			5	
8				3	5	9		
	3					7		
	2		5				6	9
6		9	2				3	

SUDOKU

					1			
9					3	7		
	5	6		2			3	
7		5	8			3		
6	8	2				9	7	5
		3			7	8		2
	4			3		1	6	
		1	9					3
			1					

				1				4
8		4	3		5			
6			7	8		1		
1		7					8	5
	4						3	
5	6					2		1
		6		4	3			8
			8		1	6		7
2				7				

				9	7	6		1
7		6	2				4	
	3		4					
			9		2	4		
4	5			3			9	8
		3	1		8			
					4		1	
	2				9	3		5
8		9	5	7				

	8				1	5		3
				8			6	
	5	6	2	3		1		
4				5	2			1
5			7	9				2
		8		7	5	4	1	
	3			6				
6		7	1				9	

SUDIOKU

				2			8	9
9		2	4	3			1	5
5		3						
4			2	7				
	5			6			3	
				5	1			7
						8		1
3	4			8	2	7		6
2	7			9				

			5		2	9		3
			8			2		
4	8	2			7		5	
	2	6						8
			4		9			
7						1	2	
	6		2			7	4	9
		4			8			
2		3	9		4			

		7		6	1			
	9			3	5		6	4
6	3			2			8	
5						9		
	7			9			1	
		6						8
	6			4			5	3
7	8		3	5			9	
			9	1		4		

		6		2	7			
		5				9		7
			8			4	3	
5		8				6	4	
4	7			6			5	2
	2	9				7		3
	5	4			8			
1		3				5		
			3	1		2		

SUDOKU

	9				2	4		
6					9	5	1	
	5			1			3	2
	8	2		6				
7				3				8
				4		1	7	
5	3			2			9	
	1	6	8					5
		9	6				4	

							7	6
	7	4		1			5	8
5					7			
	1			6	5			7
	9		3		4		1	
6			1	2			9	
			8					5
3	5			4		8	6	
7	6							

5		9			6		3	
	7	4				9	2	
							4	6
8		1		3				
	2		1		7		8	
				6		3		9
1	8							
	4	5				8	7	
	6		5			1		3

	5				4			1
8			1		3			
3	7	1			5	8		
		6	5				2	
		5				1		
	8				9	6		
		9	7			3	1	6
			2		1			5
5			4				9	

SUDOKU

2		1		9			3	5
				6				
	4	7	3				9	
6	7				8	3		
			6		1			
		8	4				2	6
	9				2	7	6	
				4				
3	1			8		5		9

5	6							2
1			9					
		9		2	5		4	
3		6				7	2	
9			8		2			3
	4	1				5		8
	5		1	4		6		
					8			4
4							5	7

9		8		7		2		
		4			9			
			4		6	3		
	4			5			3	
	1	3	9	6	4	7	5	
	9			8			2	
		9	2		8			
			7			1		
		2		9		8		7

6				9	1	8		
		4	6				1	
		9	7		8			
				3		5		2
	6	8				1	3	
3		5		6				
			4		5	7		
	5				6	2		
		2	9	1				5

SUDOKU

			6			4	5	7
								9
2	5	9		8	7	6		
	3					7	6	
			5	7	2			
	7	4					2	
		5	2	9		1	7	6
9								
7	1	6			5			

		6	3	4		2		
	7				2			
	2	9				6	3	8
					4		1	
7		8		3		9		4
	9		2					
2	1	7				8	5	
			5				6	
		5		2	3	7		

		5	6		8		2	
4		8			2			
6		3		4	7			
5		7				2		
	3						1	
		2				9		5
			3	1		7		6
			4			3		2
	8		2		6	5		

1			6	5				
7		6				8		
					7		6	5
		4	8			6	7	
	9	7				5	3	
	2	5			6	9		
9	8		5					
		3				2		9
				4	9			7

SUDOKU

1		2		4	3			8
3		8						
	7						2	
	3	9	1		7		8	
			4		9			
	1		8		5	9	4	
	6						5	
						8		2
5			9	8		4		3

3	6				1			8
		7	3					
	4		5			6		
6	7			3			5	
1		2		7		3		4
	9			5			1	6
		6			7		8	
					3	9		
9			6				3	7

					7	9		1
	6			9		7		
		4			6		5	3
9	7	5						
	2		3		1		7	
						5	2	4
1	4		9			2		
		9		1			3	
8		7	5					

	4	3	8			2		
					2		7	
6			9	7	3	8		
4	8	7						
2								8
						5	4	3
		8	2	4	7			5
	2		5					
		9			6	4	2	

SUDOKU

7							9	
	6	2	3					
	5	9			1	6	2	
9					3			
2		6	1	7	9	5		8
			6					9
	7	8	2			9	5	
					4	8	1	
	2							6

			7	6		5	1	
		1	5	8				
	7	2				4		
			1			9	4	
	6		4	9	8		7	
	4	7			6			
		4				3	9	
				7	9	1		
	3	9		4	1			

	3				1	5	8	
		5					3	4
		6			5	9		7
		3	5	2				
		1		8		3		
				3	9	6		
3		8	7			4		
4	5					7		
	2	7	8				5	

				3		6		
				2	9	5		1
3	1				5			2
				5		2		4
		6	4		2	8		
5		2		6				
6			2				5	7
4		3	8	7				
		9		4				

SUDOKU

		4		3				2
	6	9					8	
		2	1		4		3	
	4		8				5	7
			3		7			
7	9				2		1	
	8		2		1	6		
	1					7	9	
4				7		1		

		1			9	2		
3				2			9	
2	8					1		6
6			4				8	1
			6	3	5			
7	2				8			4
1		7					3	8
	5			8				7
		6	5			9		

SUDOKU

2			8		4			
	5			1		2		
				6	2		5	8
		2			6	5		
5			1		8			3
		1	3			9		
1	3		5	4				
		4		8			7	
			6		9			4

4				8	6			
		3	5			6		
			3	1	2			9
8		7	2	5				
2				7				6
				6	9	2		3
1			9	3	5			
		6			7	3		
			6	2				4

		5		1				
7			6	2				
4	8				9		3	
1	6		2			8		
2	9						6	4
		7			6		2	3
	7		1				8	5
				3	4			7
				9		2		

5		7	8	3				
							9	
	6				5	2		7
2	8	9				4		
	7		3		4		5	
		5				7	1	8
8		6	7				4	
	4							
				4	8	6		5

SUDOKU

2			6	1	8		9	
				4				5
		4				2	8	
	1				5	7		
	4	7				5	3	
		8	7				4	
	8	5				3		
3				9				
	9		8	2	3			4

6		4		9	3			
	2	1	4	6		3		
3					1		7	
5			1				6	
	3				5			2
	5		2					4
		8		5	6	7	2	
			7	8		6		9

2	5				3		9	
			9		5	8		2
		9			2		1	
7		5						
1	8			5			6	7
						2		8
	6		7			9		
9		4	6		8			
	2		5				3	6

5	1				6	7		
	9		2		7	6		
			3	5		8		1
	7		8			9		
		6			1		7	
4		5		6	8			
		9	7		2		8	
		2	9				6	3

SUDOKU

					1			2
3	7					9	1	5
	2	6	4		9			7
	6			9	5			
			1	6			5	
8			9		7	1	3	
6	9	7					2	4
2			8					

			7			6		4
			4		2	1	8	
7				8				2
4		9	8				3	
	2			4			6	
	6				9	4		1
8				9				3
	7	6	2		4			
1		4			8			

		1				3		5
	4			9		1		
9			1		5		2	8
				8	4			3
	3			5			4	
6			2	3				
4	8		3		9			2
		5		1			8	
1		7				9		

3						4		
		4	6	8		1	7	
6				4	1		3	5
					7		1	
			9	1	4			
	4		2					
8	9		4	7				1
	1	6		5	2	8		
		2						6

SUDIOKU

	1	6		9				
8	2		3		1	9		
			4				5	
3	6				9		8	
		2		8		5		
	5		6				7	9
	7				6			
		1	8		3		9	2
				1		6	3	

9				8				
5					1		9	7
1	6	2			7	8		
				7		5		
		5	4		9	6		
		6		2				
		9	7			3	2	4
7	4		6					9
				9				8

1		5		3				9
		8			2			
6		3	9	4				
					3	2		4
		6	5		4	8		
8		2	7					
				1	9	7		6
			4			3		
3				7		5		1

	4			9				
1			7	5	3		9	4
		7			2			3
	8						5	6
		5				9		
4	1						7	
5			1			6		
3	7		5	8	6			9
				7			3	

SUDOKU

7		6	1					
	5				9	1	4	
	1			2			5	
	9				5	8		
5		1		9		2		4
		2	4				6	
	2			4			1	
	3	5	6				8	
					1	6		7

				1	3			
4		7	8			1	3	2
	2						8	9
		5						4
3			6	4	7			8
6						3		
9	5						2	
8	3	2			9	7		1
			3	8				

6					2		8	
	9		7		1			
		2			6			9
9								5
2	1	3	9		5	8	4	7
4								1
5			6			4		
			2		8		9	
	8		1					6

4		2	7		8			
1								
	3			4		8		2
8		9	4				5	1
	1			6			8	
7	6				2	3		4
5		1		9			2	
								5
			8		7	9		6

SUDOKU

				3		6		8
	8		5				7	2
		5		6				9
	5			8	4	9		
	9						4	
		1	2	9			3	
9				7		1		
5	1				6		8	
8		2		4				

	5							
3		2	9			8	1	
1	9	7	8		2			
		6	2	3				
		1				5		
				6	8	2		
			6		3	4	9	8
	6	3			9	1		7
							2	

3	9	6						
8	4		1		6	9		
		2	8				3	
	3				1			
4		1		6		8		2
			5				1	
	5				8	3		
		3	7		2		9	8
						2	6	4

1	3		7	4		5		6
							3	
		5			2			
				3	6		5	
3		1	4		9	8		2
	6		1	8				
			5			3		
	9							
2		4		7	3		8	1

SUDOKU

		7	9	4	3			1
3			1					
8				6				
		8	4		6	7		
	2	4				8	5	
		6	8		9	3		
				9				5
					2			3
2			5	1	7	9		

		2	3				6	
	3	8			7	5	1	
7		1		5			2	
		5	9				7	
				4				
	9				2	1		
	7			8		3		6
	1	3	7			4	8	
	6				3	7		

8	5	4		9		3		6
	1				3			2
					4			
5	8					6		
	3	2				9	8	
		7					5	4
			7					
6			8				9	
7		5		4		1	6	8

2						9		6
	6	3			5			8
	9	1			3			
9				7			8	
7	1						4	3
	3			1				2
			2			5	6	
5			1			3	2	
1		6						9

SUDOKU

		9	4			2		1
	6		7				9	4
		8					5	
		2		4			8	
7			5		9			2
	3			1		4		
	4					5		
6	9				4		3	
2		3			8	1		

	5	9	4	1			3	
		1			7			
		6		5	9			
		5					7	4
2		8		7		3		5
9	1					8		
			7	9		5		
			1			2		
	6			3	4	9	1	

	1	6						7
9			3	5				
7		8	1			3		
	3			8	6			
5		4				7		6
			4	9			3	
		9			3	2		8
				1	2			3
1						5	9	

1								
	2		4	8	9			
	9	8	3			4	2	
				5			6	9
		9	6		4	8		
8	6			1				
	8	7			5	2	4	
			8	6	2		5	
								1

SUDOKU

8		1	5				7	
	7		4				2	
3						5		1
9				1			6	
5		6				8		7
	1			6				9
2		3						8
	6				8		9	
	9				7	1		6

7			3					4
3			7	8	6			
			9				8	
	4		1			3	9	8
	7						2	
6	9	1			8		7	
	5				3			
			8	5	1			6
1					2			9

		8	3	7		6	4	
4			1			9		
7	9					5	2	
		3		1				6
				9				
5				6		3		
	6	9					3	5
		4			5			8
	7	5		2	6	4		

	1							
	6		5	8		9		
7				1	2	5		3
		6			9		5	
	8	9				6	1	
	2		3			8		
8		1	6	7				5
		7		9	5		4	
							3	

SUDOKU

					5			
		5		1			6	
	6	2	3	9				5
	2	1			8	3		
6		8				4		9
		3	9			8	7	
3				5	4	7	1	
	4			7		5		
			2					

	8	1	5	6				
4					9			
	9	5	8				4	
9		8	4					1
	5						7	
3					6	8		5
	6				7	3	5	
			6					4
				2	5	7	8	

9				1	4	3		
	5	4	3			2		
7				6	8			
1		9			5			
	6						8	
			9			5		1
			8	3				5
		2			1	6	7	
		3	6	9				2

5					1		4	6
4	1			9	8			
	2			5			1	
9				8			7	
		4				1		
	8			6				5
	9			2			5	
			5	1			6	7
7	5		6					9

SUDOKU

4	7			5		1		
					6			5
				4	9	2	7	8
8	6					9		
			9	1	3			
		3					5	1
5	8	9	7	3				
1			6					
		7		9			1	3

		4		8	5		1	
8	6			1	9		4	
				2	7		3	
6					1			
		9		4		6		
			8					7
	7		1	9				
	8		5	3			7	4
	3		7	6		2		

			3					9
6		9				4		1
2	5				9		6	7
	6			9				2
		5		2		6		
8				1			9	
9	7		4				2	5
5		4				7		8
1					2			

		6	1	7				
	8	4	6					
3		7	2				9	
		3			7		5	
	2		4		6		7	
	6		5			3		
	7				2	5		1
					5	9	2	
				6	1	8		

SUDOKU

				4			1	
6		1	5			7		
	9		7	3		6	8	2
		8						3
	3						7	
7						1		
2	1	5		8	6		4	
		7			3	5		9
	4			7				

2		1	6		7	3		
						1		8
		6		5				4
					5		8	3
7			1	9	3			2
3	5		2					
8				6		2		
5		3						
		2	9		8	5		7

		6			5	2		
	9		6			8	4	
	1				4			
	5						1	9
	4	8	1	6	9	7	2	
9	6						8	
			7				6	
	2	9			8		5	
		5	9			1		

		9		2				3
					7	6		8
	3	5	6	1				2
		6				3		
		3	2		6	4		
		1				5		
2				9	3	8	1	
3		4	8					
9				4		2		

SUDOKU

		5	3			9		
			7			5	6	
				8			4	2
7				3			5	1
	4	6				7	9	
5	2			9				6
1	9			2				
	7	8			5			
		4			3	8		

					7		9	
6	3			4		1	2	
	4	8			2	5		
	6		9			2		
7				2				6
		3			1		5	
		4	2			6	1	
	1	6		9			8	5
	8		7					

			1		3			
	6	3	8		5	1		
	7		2				3	8
				2				6
	3		4		7		2	
4				1				
5	8				1		6	
		4	5		9	2	7	
			6		2			

8	4					3	9	
		6	7	3		2	4	
				1				8
				7				2
7	8						3	6
3				6				
9				4				
	6	3		8	9	4		
	5	8					6	9

www.ingramcontent.com/pod-product-compliance
Lightning Source LLC
Chambersburg PA
CBHW080536220526
45465CB00015B/2844
* 9 7 9 8 3 7 6 4 0 5 7 5 8 *